Kathrin Röggla – Die falsche Frage

Gedruckt mit finanzieller Unterstützung der Universität des Saarlandes.

Kathrin Röggla
Die falsche Frage
Theater, Politik und die Kunst, das Fürchten nicht zu verlernen
Saarbrücker Poetikdozentur für Dramatik
Herausgegeben und mit einem Nachwort von Johannes Birgfeld

Recherchen 116

Verlag Theater der Zeit
Verlagsleiter Harald Müller
Winsstraße 72 I 10405 Berlin I Germany

www.theaterderzeit.de

Lektorat: Nicole Gronemeyer
Coverbild: Kathrin Röggla, Foto: Heribert Corn
Fotostrecke: Kathrin Röggla
Covergestaltung: Bild1Druck, Berlin
Gestaltung: Sibyll Wahrig

Printed in Germany

ISBN 978-3-95749-012-4

Kathrin Röggla

DIE FALSCHE FRAGE

Theater, Politik und die Kunst, das Fürchten nicht zu verlernen

Saarbrücker Poetikdozentur für Dramatik

Herausgegeben und mit einem Nachwort von Johannes Birgfeld

Theater der Zeit

Recherchen 116

250 m
ÜBERFLUGHÖHE
MENSCHEN-
VERACHTEND !!

FLUGLÄ
MACHT KR

ERSTE VORLESUNG

EINE DEKLINATION DES ZUKÜNFTIGEN
Text und Rahmen und eine kleine Liste des Ungeschriebenen

Am Anfang werde ich über Märkte sprechen, überlege ich mir, Finanzmärkte, Kunstmärkte, Rohstoffmärkte, den Goldmarkt. Am Anfang
steht heute doch immer eine Geschichte über Märkte. Was der Markt
kann, was er nicht kann, wo man ihn aufgeben sollte. Doch ich muss zugeben, ich weiß wenig über Märkte, das heißt gerade so viel, wie ich
brauche, doch das ist ganz und gar nicht richtig, man muss heute immer
mehr wissen, eine Überinformation herstellen, was Märkte betrifft, vor
allem, wenn man in der Kreativindustrie steckt, so von außen betrachtet,
das heißt, wenn man mit dem Theater zu tun hat, so von innen betrachtet, muss man ein Überengagement im ökonomischen Diskurs beweisen,
einen Überhang diesbezüglich hervorbringen, man muss sogar mehr
über Märkte wissen, als Banker oder Vorstandsvorsitzende von Pharma-
konzernen dies tun, will man zeigen, dass man dabei ist, dass man die
Welt versteht, dass man sich in ihr zurechtfindet, denn der ökonomische
Diskurs ist der Leitdiskurs, er wird verstanden, er hilft uns, uns zu ori-
entieren und miteinander zu kommunizieren, und das weist am meisten
auf seine Mächtigkeit hin. Gerade Branchen, die als wirtschaftsfern gelten, müssen erst einmal beweisen, dass sie drin sind, deswegen vielleicht
habe ich auf den diversen Panels den Begriff „Alleinstellungsmerkmal"
so oft gehört, deswegen vielleicht habe ich die EU-Kommissarin für Bil-
dung, Kultur, Mehrsprachigkeit und Jugend, Androulla Vassiliou, während der Vorstellung der neuen Kulturförderrichtlinien im April diesen
Jahres andauernd über Marktanteile und Marktförderung reden hören,
als sie eigentlich über Kunstförderung reden wollte.[1] Vielleicht bestü-
cken wir Theatermenschen deswegen (wenn wir nicht aufpassen) unsere
Rede gerne mit ökonomischen Fachvokabeln, mit *bench marks*, Quali-
tätsmanagement, Entrepreneurship, und hören sogar manchmal das Gemurmel über den Arbeitskraftnehmer auf den Fluren der Theaterhäuser,
nehmen das Huschen des Theaterprekariats mit seiner Flexibilisierung
und Mobilisierung vorbei an uns jetzt endlich wahr, nachdem wir es eine
ganze Zeit lang geflissentlich übersehen haben und finden es cool, naja,
wir identifizieren uns damit irgendwie im Pollesch-Sound.

Während ich mich also überinformiere, frage ich mich so nebenbei, welchen Wert das hat, was ich mache. Denn das gehört heute auch immer
dazu, den Wert zu ermessen, und direkt neben dieser Wertmessung be-

ginne ich schon den Zeitdruck zu fühlen, unter dem ich gerade schon wieder stehe. Auf Seite 1 frage ich mich, warum ich noch nicht auf Seite 9 bin und auf Seite 27 verzweifle ich über die fehlenden anderen 27 Seiten. Es ist der reinste Text-Killer! In meinem E-Mail-Account stauen sich die Deadlines und in meinem Handy die Drängel-SMS, von fehlender Zeit erzählen mir die Intendanten, Dramaturgen, Lektoren, Verleger, Galeriemitarbeiter, Ausstellungsmacher, Kuratoren, die Sprache der Zeitlosigkeit und Hast ist ihnen allen zu eigen. Neben all der Betriebsamkeit und dem künstlerischen Aufbruch häuft sich überall das Unverfasste, das auf der Strecke Gebliebene, Unfinanzierbare, Unermöglichbare – schon alleine aus Zeitgründen. Es ist ein Wunder, dass überhaupt noch was geschrieben wird! Auch mein Schreibtisch bleibt davon nicht unberührt, das Ungeschriebene nimmt immer größere Räume ein, die Phantasie, was man nicht alles schreiben könnte, hätte man die Zeit dazu, wird immer blühender.

Insofern, überlege ich mir, sollte man am Anfang doch lieber nicht über Märkte sprechen. Nein, nein, nein! Am Anfang sollen die ungeschriebenen Stücke stehen. Frei nach der langen und erstaunlichen *Liste des Unverfilmten* von Claudia Lenssen in Alexander Kluges Band *Bestandsaufnahme: Utopie Film* von 1983[2] gilt es, eine Liste der ungeschriebenen Stücke zu erstellen, allerdings, da bin ich strikt zeitgemäß, als Selbstaufforderung. Niemals würde ich heute einem dramatischen Produktionssystem etwas abverlangen, wo käme man da hin? Das wäre ja fast so, als würde ich von anderen etwas fordern, als würde ich da einen Protest nach außen tragen, einen Einspruch, Widerspruch, und eben eine Aufforderung, etwas zu tun, sozusagen anders, nein, ich bleibe da hübsch im Selbstmanagement, immer brav bei mir, die ich für alles hier verantwortlich bin in Zeiten der Ich-AG und des „unternehmerischen Selbst", das der Soziologe Ulrich Bröckling so genau beschrieben hat[3] – wissen wir ja!

Gleich zu Beginn kommen sie also zu Wort, meine ungeschriebenen Texte, die ich ewig vorhatte und mir nicht zugetraut habe, die, die ich vergessen habe, abgeschrieben, aus irgendwelchen Gründen fallen gelassen. Die, die mir unmöglich erschienen, bei denen die Recherche nicht zu bewerkstelligen war, für die ich zu wenig Gesprächspartner bekommen habe. Oder zu wenig Schweigen zusammenkratzen konnte wie etwa für das Stück, das nur aus Regieanweisungen besteht. Natürlich anders als Handkes *Die Stunde da wir nichts voneinander wußten,*[4] nicht so verblasen, abgehoben. Es wird zu erwähnen sein, das Stück, das immer schweigsamer wird, oder das Stück, in dem so schnell miteinander geredet wird, dass fast nichts zu verstehen ist, dieser kleine Philippe-

Quesne-Ableger,[5] der ein wenig mehr Stofflichkeit aufnimmt. Ich werde es vorstellen, das Stück, in dem die Leute sich niemals zu Wort kommen lassen. Oder: Das Stück, geschrieben im Futur, wie es Forced Entertainment in *Tomorrow's Parties* gemacht hat, nur beweglicher, architektonischer.[6] Und dann: die gesungene Telefonerzählung, aber nicht so privatistisch wie die des Nature Theater of Oklahoma,[7] mit radikaler Mündlichkeit, in die ich aber mit absolut schriftlicher Stilisierung hineingrätschen wollte. Solche Ideen ergeben noch kein Stück, werden Sie sagen, sicher, aber diese Ideen schwirren wie die Fliegen um einen Stückanfang, sie sind erstmal da. Beinahe unabhängig vom Stofflichen, aber eben nur beinahe. Sie haben eine notwendige Verbindung, genauso wie jene Idee, über das imaginäre Ereignis eines Börsencrashs einen Roman zu schreiben, und zwar als „plötzliche Auflösung von erzählbaren Ereigniszusammenhängen", wie es Joseph Vogl in *Soll und Haben* ausgedrückt hat,[8] das eine bedingt eben das andere.

Ja, die ungeschriebenen Texte zuerst, danach werde ich mit den vagen Plänen weitermachen, die schon konkreteren Vorhaben, aus denen nichts wurde. Die Neuschreibung des *Eingebildeten Kranken* von Molière, ein Stück über das Gesundheitssystem, das ich aus Susan-Sontag-Lektüren wie aus Interviews mit Ärzten, Krankenpflegern und chronisch kranken Patienten gleichermaßen hervortreibe, nicht ohne mich vorher intensiv in die feinsten Verästelungen der Hypochonderforen im Internet begeben zu haben. Ich wollte noch einmal den französischen Philosophen Gilles Deleuze in seinem berühmten Interviewfilm *L'Abécédaire* über „Maladie" – Krankheit – reden hören[9] und über die „kleine Gesundheit" der Philosophen reflektieren: Nietzsche, Spinoza. Ich wollte mir noch einmal die drei Gespräche mit Ärzten ansehen, die ich schon gemacht hatte, den Kontakt zu dem SPD-Gesundheitsexperten wieder aufnehmen, den ich bereits aufgenommen hatte – warum bin ich stecken geblieben? Gab es da eine Verzettelung, eine Angst vor zu viel Stoff, ein Stoffwirrwarr? War das Thema mir erstmal zu groß, erschlug es mich? Ach ja, ich wollte nicht mehr so anfangen – es erschien mir wie ein Klischee vom Dokumentartheater, ein Stück zum Gesundheitssystem machen zu wollen, zu den üblichen Missständen des neoliberalen Systems, zu Pharmalobbys und quälenden Zivilisationsschäden. Ich warte noch auf andere Eingänge oder andere Verbindungsgänge im Stoff, weil ich Eingänge schon viele besitze, zu viele. Nein, ich weiß, was mein Problem war: Die unterschiedlichen Eingänge haben sich nicht vernetzt, es fehlte das gemeinsame Kraftfeld, das einen zwingt, weiterzumachen.

Halte ich etwa noch lose Fäden in der Hand? Irgendwann, so weiß ich, werden die sich verbinden, zusammenfinden zu einem Knoten, den ich literarisch lösen muss und den ich nur lösen kann, wenn ich mich traue.

Ein anderer Recherchefaden, der übrig geblieben ist, betrifft den Internationalen Gerichtshof in Den Haag. Er hat sich aus meinem ersten Recherchegespräch zu *Die Unvermeidlichen* ergeben,[10] meinem Stück über die Simultandolmetscher und die politische Klasse. Kurz nach dem sehr intensiven Gespräch mit der Dolmetscherin eines serbischen Kriegsverbrechers war mir klar, dass es sich nicht in jene Gespräche über G7-Konferenzen einfügen würde, die ich sonst vorhatte. Auch die Aussagen der Dolmetscherin, meiner zweiten Gesprächspartnerin, die für eine Wiener Hilfsorganisation tschetschenische Folteropfer in Psychotherapien dolmetscht, würde ich nicht unterbringen. Beide Gespräche hatten das Potential, Grundlage eines eigenen Stücks zu werden. Aber ich wollte kein Stück über den Jugoslawien-Krieg der 1990er Jahre und keines über Tschetschenien machen, insofern blieben sie liegen.

Oder: Was war das mit der Idee, ein Stück über zwei Anwälte des öffentlichen Rechts zu schreiben, die sich gegenseitig in einem Flughafenprojekt, z. B. in Frankfurt am Main, bekämpfen? Sie haben ihre Kanzleien am Münchner Prinzregentenplatz Tür an Tür, das ist tatsächlich so, denn ich bin dort gewesen und habe einen von ihnen getroffen. Ich habe die Leitzordner gesehen und weiß: Ihre Leitzordner hören sich gegenseitig durch die Wände zu, ihre Sekretärinnen treffen sich beim selben Mittagstisch – ja, wirklich! Sie selbst spüren die Erschütterungen des jeweiligen Kontrahenten, wenn dieser durch seinen Kanzleiflur geht oder gar einmal heftiger die Tür zuschlägt. Und es gibt mich, die ich dann ständig danebenstehen und ausrufen müsste: „Das ist so, ich habe es persönlich gesehen! Glaubt mir doch." Nein, wenn ich schon danebenstehen müsste, dann schon lieber in dem Stück über vier bärtige Fuzzis aus Karlsruhe, die Flughäfen berechnen können, also, wie viel die kosten, denn auch die gibt es wirklich. Fuzzis, die berechnen, ob das lukrativ ist. Ob es sich rechnet, einen Flughafen zu bauen, denn es ist nicht mehr so wie früher, als Flughäfen, Krankenhäuser, Schulen keinen Profit abwerfen mussten, weil sie Teil der öffentlichen Infrastruktur waren. Ein befreundeter Computernerd hat mir von ihnen erzählt. Nur was hilft mir all ihre Wirklichkeit? Skurrile Fundstücke aus der Wirklichkeit können oft erfundener aussehen als jegliche fiktiven Behauptungen, das ist jene merkwürdige Erfahrung, die jeder Schriftsteller und jede Schriftstellerin wohl immer wieder aufs Neue machen muss. Nein, dann schon lieber ein Stück über den Risikomanager, der in seinem großen Pianozimmer in einem der begüterten Vororte von Frankfurt – nennen wir ihn Königstein im Taunus – sitzt und über die Misswirtschaft in den Managementetagen, z. B. in Flughafenmanagementetagen, flucht. Also anders, als wir über die Misswirtschaft fluchen, macht er das konkreter, kennt die Umstände, Interessenlagen, insbesondere die der Vorstandsetage. Er weiß, wie Vorstände an Sesseln kleben, man kriegt sie ja gar nicht runter!

Sie werden es erraten haben: Auch den Risikomanager gibt es wirklich, der ist nicht einfach dahererfunden, aber er wirkt eben einen Tick weniger konstruiert. Zum Beispiel hat mir der Risikomanager einmal erzählt, wie 120 Programmierer jeder für sich in irgendeiner Bank saßen und jeder einzelne von ihnen auf eigene Faust ein bisschen an SAP herumgeprokelt hätte; das ist eine Vorstellung, die Betriebswirte in Angst und Schrecken versetzen kann, glauben Sie mir! Doch dann hat er plötzlich aufgehört zu reden.

Das heißt, einmal hätte er es mir beinahe mit schreckgeweiteten Augen in eine ZDF-Kamera erzählt, aber dann hat er plötzlich begonnen, schnell an der Kamera vorbeizureden: Er dürfe die Namen nicht nennen, die Firmennamen, er möchte offen reden, aber es sei kompliziert. Ich bräuchte keine Namen? Egal: Rückschlüsse wären möglich! Ähnlich wie bei Lobbyisten, Unternehmensberatern und Parlamentsmitarbeitern ist es auch mit Risikomanagern: Namensnennungen sind bei ihnen unbeliebt und immer sind Rückschlüsse möglich. Ich sei keine Journalistin? Egal: Kunst ist möglicherweise gefährlicher beziehungsweise unberechenbarer.

Immerhin hat er mich darauf aufmerksam gemacht, dass nicht mehr geredet wird. Sie reden nicht mehr, erzählen mir kurz darauf befreundete Dokumentarfilmemacher, die Menschen aus der Wirtschaft. Ob Google oder McKinsey, ob Nestlé oder Air Berlin, alles schweigt. Und immer größere Bereiche der gesellschaftlichen Organisation fallen unter die Schweigeklauseln, unter die Stillschweigeabkommen, die Verschwiegenheitsverpflichtungen. Das verhindert nicht nur Romane und Theaterstücke oder verändert sie. Das greift tief ein in den Journalismus, macht ganze gesellschaftliche Bereiche unsichtbar. Ja, neben all dem Gerede, der Selbstaussage, dem Drang zum Quatschen und Quasseln, Sichdarstellen, gibt es jede Menge Schweigen. Dort, wo es um was geht, wo gegenwärtige gesellschaftliche Konflikte, Widersprüche sichtbar werden könnten, wo man in einen Schuldzusammenhang verwickelt ist oder man sich schlicht und einfach in der Nähe der Mächtigen befindet, die es nicht nur nach wie vor, sondern heute umso mehr gibt. Wie erstaunlich ist da schon eine Produktion, die dieses Schweigegebot umgehen kann,

z. B. *Das Himbeerreich* von Andres Veiel.[11] Doch Abkommen mit Juristen, wie er sie bei der Fertigstellung des Stückes getroffen hat, für das er mit Ex-Bankern sprach, möchte ich nicht treffen. Deren Juristen hätten, so erzählte der Produktionsdramaturg Jörg Bochow beim vom Bayerischen Rundfunk und der Bayerischen Theaterakademie zusammengetrommelten Akademietag im Frühjahr 2013 im Münchner Prinzregententheater,[12] den fertigen Text durchforstet, um ihre Klienten zu schützen. Was rausgefallen sei? Das Konkrete, sprechende Details, nicht unbedingt Identifizierungsdaten, nein, spezifische Angewohnheiten der Banker, die den Irrsinn des Ganzen zeigen könnten. Die stummen Allgemeinheiten sind immer erlaubt. Doch die stummen Allgemeinheiten interessieren nur, wenn man Samuel Beckett heißt, und das tut man nicht immer.

Nach den konkreten Vorhaben, überlege ich nun weiter, kommen dann die angefangenen und wieder fallen gelassenen Stücke. Das Stück über das Dienstleistungsprekariat in Hamburg, vom Thalia Theater in Auftrag gegeben, die mit Heinz Bude und seinem Institut zusammen ausgeklügelte Stück- und Symposiumsidee. Denn wer sieht sie noch, die Putzkolonnen oder die Mitarbeiter von Discountern? Unsichtbar sind sie, die Postdienstleister, die Briefzusteller, das Krankenhauspflegepersonal. Ist unsere Sicht auf private Pflegedienste, die Lebensmittelfachkräfte, Fleischindustrie vernebelt? Aufgegangen in RTL-Nebel und Sat1-Actuality-Dämpfen? Dann platzte das Vorhaben. Ein Dramaturgenwechsel am Thalia Theater fand statt, Carl Hegemann fand das Dienstleistungsprekariat, die Soziologen und die Autorin nicht prickelnd genug oder wollte lieber das Publikum entscheiden lassen,[13] was gespielt wird. Schade, aber am Ende wäre es womöglich doch nur ein Stück über zwei Soziologen geworden, Mitarbeiter des Hamburger Instituts für Sozialforschung, die fröhlich versuchen, das Ganze nicht in der Bourdieu'schen Opferrhetorik darzustellen. Was ist das für eine Arroganz, hätten sie gerufen, die Leute andauernd nur als Opfer zu präsentieren, was ist das für eine verquere wehleidige Optik! In einem Affenzahn hätten sie sich gegenseitig versichert, wie Deutschland unter einem Bourdieuzwang stehe und man diesen Bourdieuzwang einmal abbauen müsse mit seinen Projektionen, seinen Vorverurteilungen der Menschen. Michel de Certeau, würden sie dann weiterreden, das wäre es viel eher, sie seien nämlich hinter ihnen her, den Finten, den Tricks und den Taktiken der Prekarisierten, wobei: Die dürfe man nicht verraten, denn dann hätten sich die Tricks, Finten und Taktiken schon wieder erledigt.[14] In einem Affenzahn würde es weitergehen über Elend und Freude der

Nähe zum Forschungsgegenstand, der sich nach und nach abgekoppelt habe vom gesellschaftlichen Rest. In einem Affenzahn: wie Freundschaften zu den Forschungsobjekten entstehen, wie sie Empathie entwickeln und doch weiterziehen müssen zum nächsten Forschungsgegenstand. Egal. Es gab diesen Dramaturgenwechsel, es gab im Winter 2012 meine Indienreise, auf der es mir absurd schien, die Nähe und Distanz zum Forschungsgegenstand in diesem Affenzahn mitzumachen. Es gab diese Geschwindigkeit, die das Ganze annehmen sollte, die Rasanz, die von diesem Theaterdruck, diesem Theaterproduktionsdruck herrührte, wie er nicht nur von vielen Kollegen wie Rimini Protokoll, Hans-Werner Kroesinger, aber auch René Pollesch oder Elfriede Jelinek vorgegeben wird, sondern auch von den großen Stadttheatern selbst, der mit dem Schreibprozess nicht gut zusammengeht. Und dann gab es noch das Tempo, das ich meinerseits rausnehmen wollte, denn bei all der Material-flut, die mich umspült, braucht es doch die literarische Durchdringung, die ästhetische Position, die ich einerseits entwickeln will und von der aus ich andererseits einsteige in die Arbeit.

Bin ich jetzt eben dabei, ein absurdes Alleinstellungsmerkmal aufzu-machen? So in der Art: Ich kann nur langsamer! Dann sollte ich hier vielleicht wirklich ausschließlich über Märkte sprechen. Anscheinend komme ich ja aus dem Marktdenken nicht raus, es hält mich fest, das Messen und Vergleichen, der Druck, der mich zur ständigen Sichtbarkeit zwingt.

   Freilich, dies ist nicht nur mein Problem: Andere Kollegen haben das erkannt und haben sich formiert: *DramaTisch* hieß ein Versuch, ein Zu-sammenschluss, der eine Zeit lang Manifeste und Erklärungen abgab und gegen die schlechten Arbeitsbedingungen und geringen Honorare protestierte.[15] Doch was ist aus ihm geworden? War es nur der in diesem Fall abwegige Versuch einer Kartellbildung? Mist, schon wieder im Marktdenken gelandet! Sie sehen, aus dieser Marktumschlingung komme ich nicht raus. Dabei funktioniert Literatur ganz gewiss nicht nach dem Konkurrenz- und Effizienzprinzip, zumindest nicht alleine, sie folgt genauso gut der Logik der Gabe, des Potlatches und des Über-flusses, sie ist ein Versuch der *commons*, des Gemeinschaftsbesitzes, der von der in dieser gesellschaftlichen Ordnung notwendigen, da verstehen Sie mich bitte nicht falsch, Urheberrechtsidee sowie von dem Genie-gedanken oder dem bürgerlichen Subjektkonzept durchkreuzt wird. Mit dem radikalen Marktdenken kommt man da nicht weiter.

Aber auch mit der wirklichen Wirklichkeit komme ich nicht weiter. Das heißt, ich bin eine ganze Weile mit ihr weitergekommen, doch derzeit herrscht Wirklichkeitsstopp auf meinem Schreibtisch, eine Auszeit, da ist die Pausentaste gedrückt, bis ich wieder loslegen möchte, denn da war zu viel wirkliche Wirklichkeit in den letzten drei Jahren und zu wenig Zeit für ästhetische Gedanken, obwohl ich weiß, dass das nicht aufgeht. Nach über zehn Jahren intensivster Recherchetätigkeit fürs Theater ist doch längst klar: Ich brauche die Verzettelung in der Recherche, da komme ich nicht drumherum (warum wirken die Recherchen der anderen so viel unverzettelter?), ich brauche die Distanz zum Material, ich brauche Theorie und systemische Überlegungen sowie ästhetische Impulse, ich brauche mein Interesse, meine ästhetische Herkunft. Das bläst ein Vorhaben zeitlich unheimlich auf. Für den derzeitigen Theaterbetrieb ungeeignet, und so wurde es gerade bei der letzten Produktion, *Der Lärmkrieg,*[16] verführerisch, gewisse Abkürzungen zu nehmen. Die Abkürzungen führten zu dem, was dann eben schnell Dokumentartheater genannt wird – wobei ich absolut kein Dokumentartheater machen möchte, nein, ganz und gar nicht, denn das erzeugt nur Missverständnisse – kurz: Es entstand ein Theaterabend, an dem das durchaus brisante Recherchematerial hörbar wurde, während die ästhetische Setzung eher im Hintergrund blieb.

Ich muss mich also wieder entkoppeln, muss einen Schritt raustreten aus diesem Theaterbetrieb, aus den Erwartungen, den plötzlich entstandenen. An mich selbst. Insofern Stopptaste, Pausenzeichen. Raustreten und mich vielleicht fragen, warum meine interessantesten Stücke auch Prosavorhaben sind oder an anderen Arbeiten dranhängen? Doch diese Frage, unterbreche ich mich selbst, ist strategisch zu Beginn einer Dramatikerpoetikvorlesung schlecht, man verabschiedet sich doch nicht gleich zu Beginn aus dem Theaterbetrieb, man zieht doch nicht gleich auf Seite 18 sich selbst in Zweifel, da ist es doch besser, mit der Liste des Ungeschriebenen weiterzumachen.

Insofern werde ich, überlege ich jetzt, schon vor dieser Ausführung innehalten, vor der Selbstreflexion meiner Indienreise, und vom Thalia Theater und dem ungeschriebenen Hamburgstück in eine andere gedankliche Richtung gehen, vielleicht weitermachen mit der Liste des Ungeschriebenen, die ja durchaus noch eine Fortsetzung verträgt. Vielleicht gehe ich sogar zwei Schritte zurück zu Claudia Lenssens *Liste des Unverfilmten.* Denn die sah 1983, das werden Sie sich schon gedacht haben, freilich ganz anders aus. Zunächst einmal war sie ein Forderungskatalog. Dieser roch zwar schon nicht mehr so ganz nach dem Utopischen, wie das ein paar Jahre zuvor der Fall gewesen wäre, doch selbst die Postpunk-, No-Future-Wirklichkeit hatte noch viel stärker den Wunsch nach Öffnung, nach Klärung der Widersprüche, nach Bewegung, nach Sichtbarmachung des Marginalisierten. Claudia Lenssen trug das, was fehlte, zusammen, verfasste diesen Forderungs- oder Bedürfniskatalog des Ästhetischen, erstellte einen Lückenapparat, der nicht sozialwissenschaftlichen Parametern folgte, sondern radikal subjektiv war und doch absolut nachvollziehbar, und sie richtete diesen Katalog an die deutsche Filmproduktion. Er ist sicherlich provokativ, ‚nicht ernst gemeint‘, könnte man sagen, wenn sie z. B. über das filmische Fehlen von „herzkranke[n] Polizeipräsidenten mit Söhnen in der Hausbesetzerszene, brotzeitfassende[n] Landwirtschaftsminister[n] auf der Alm, handstandgeübte[n] Grüne[n] in Sondierungsgesprächen mit SPD-Linken in Maßanzügen" schreibt,[17] sie scheint heute umgesetzt in vielem, doch meist nur als Zerrbild.

Man wollte sich damals um den Randkram kümmern, das Ambivalente, und obwohl man heute sich auf eine Weise immer noch um den Randkram und das Ambivalente kümmern muss, denn es ist heute nur in harmlosester Weise präsent, scheint mir in meiner eigenen Liste, als müsste ich mich hauptsächlich um die Sprache selbst kümmern, um Textformen, um die Organisation der literarischen Sprache für die Bühne, um die „Neuverteilung" der Sprache im Text, wie Roland Barthes das einmal ausgedrückt hat.[18] Denn Theatertexte zu schreiben ist nicht gerade das Avancierteste, was man derzeit machen kann, es sei denn, man inszeniert die Texte auch gleich selbst. Man schafft heute Spielanordnungen, lässt Menschen aus der „Realität", sozusagen aus „Fleisch und Blut" direkt zu Wort kommen, wie Rimini Protokoll das tun. Man improvisiert und performt, befragt und protokolliert oder nimmt sich, wenn schon Literatur, Dostojewski, Balzac, Houellebecq vor, am liebsten 700-Seiten-Wälzer, die man dann auf achtzig Seiten zusammenkürzt, als müsste man dem Text zu Leibe rücken, als wäre die Textvernichtung noch das Literarischste, das erlaubt ist. Es ist wie die Umkehrung des Heiner-Müller-Satzes „Literatur muss dem Theater Widerstand leisten."[19] Heute leistet das Theater der Literatur Widerstand oder es ignoriert diese. Das kann man alleine an den Inszenierungen des diesjährigen Theatertreffens sehen. Nicht nur am Erfolg von Herbert Fritschs Inszenierung *Ohne Titel Nr. 1*, die ganz ohne Sprache auskommt.[20] Auch an gewisse Schweigeanwendungen, wie sie beispielsweise in der *Onkel-Wanja*-Inszenierung aus Stuttgart von Robert Borgmann vorkamen, in der immerhin ein beinahe zehnminütiger Schweigevorlauf vor den Text gesetzt wurde.[21] Diese Schweigevorläufe und -umläufe gibt es derzeit viele, aber vielleicht sind diese auch gar nicht als gegen den Text gerichtet zu verstehen, sondern vielmehr als kleine Gesten, in denen Theater gegen das Redegebot antritt, das in unserer Gesellschaft genauso wie die

Schweigeklauseln herrscht. Von diesem Redegebot haben mir die Simultandolmetscher in meiner Arbeit zu *Die Unvermeidlichen* erzählt. Es
brachte sie in den Pausen ihrer Arbeit auf Konferenzen, in denen sie
am liebsten schweigen wollten, aber nicht konnten, weil wir keine Konventionen des Schweigens zur Verfügung haben, dazu, oftmals Telefongespräche zu simulieren. „Ich geh mal kurz telefonieren!", sagten
sie und verschwanden in einem ruhigen Raum. Hat das Theater eine
ähnliche Funktion? Immerhin zeigt es heute immer wieder Idyllen des
Schweigens, spielt mit der Faszination und Sinnlichkeit der Stille miteinander.

Nein, das Theater simuliert heute keine Telefongespräche, es ruft vielmehr bei der Gegenwartsliteratur an und sagt: „Rufen Sie nicht uns an,
wir rufen Sie an!" Und legt dann auf. Oder redet von Projekten, die man
gemeinsam machen könnte, so dokumentarisch. Projekte, die sich Dramaturgen zusammen mit einem Regisseur ausgedacht haben oder noch
schlimmer: mit der Intendanz, und man castet einen Regisseur und danach einen Autor oder eine Autorin dazu. Wenn dafür noch ein Autor
gebraucht wird, dann ist klar, er ist nicht mehr der Autor im eigentlichen
Sinn. Das heißt, die Autorenfunktion übernehmen andere. Er oder sie
sind bloß Dienstleister, die eher wie ein Dramaturg dem Team zuarbeiten und der Dramaturgie, den Schauspielern und dem Regisseur als
Kontrollinstanzen unterworfen sind – „wir machen das mit permanenten Feedbackschleifen", drückte das ein Regisseur kürzlich am Telefon
aus. Der Text muss sich andauernd den Bedürfnissen des Teams anpas-
sen, er muss der Kontrolle standhalten. Er muss flüssig bleiben, den permanenten Zugriff erlauben. Er muss schnell wachsen, darf sich keine
Zeit nehmen. Das mag im Rahmen eines René-Pollesch-Kollektivs funktionieren, wenn Autor und Regisseur zusammenfallen und man in einem
Team seit Langem gemeinsam arbeitet, aber nicht für Ad-hoc-Zusam-
menstellungen aus den Häusern heraus. Bei meinem kleinen Casting-
Gespräch mit jenem Regisseur wurde mir klar, wie weit weg ich davon
bin: Hier geht es nur darum, ein kleines Theaterereignis zu produzieren
zu einem immerhin das Regieteam interessierenden Thema, das man mit
einer Autorenfunktion an-ästhetisieren möchte – nein, ich spreche nicht
von Anästhesie, aber bewege mich knapp daran vorbei …

Mir ist es nur recht, dass sich langsam die Gegenstimmen mehren. So
stellte Frank M. Raddatz kürzlich in einem Essay zur Situation des
Theaters, *Erobert euer Grab!*, fest, dass im derzeit so präsenten Perfor-
mancetheater totale Gegenwart herrscht.[22] Es kann und will nur zeit-

gleich mit sich selbst sein, ist reine Immanenz, da ragt nichts über es hinaus. Doch nicht nur der Utopieraum sei „implodiert",[23] auch die Totenbeschwörung ginge verloren. Weit weg sei Heiner Müllers Aussage, „Eine Funktion von Drama ist Totenbeschwörung – der Dialog mit den Toten darf nicht abreißen, bis sie herausgeben, was an Zukunft mit ihnen begraben worden ist."[24] Frank M. Raddatz beschreibt den Paradigmenwechsel, der nach einer Zeitenwende die „Negation von Zukunft als Zielkorridor gesellschaftlicher Praxis" nach sich zog.[25] Er verknüpft die Frage nach der Theatersprache, nach dem Text, mit der geschichtlichen Einspannung der Texte. Die literarische Sprache ist auch ein Speicher, sie kann erinnern, sie verweist auf Zukünftiges und Vergangenes. Die Negation der Sprache als ästhetische Gestaltungsmöglichkeit bedeutet, diese Funktion zu verlieren.

Das alltagssprachliche Downsizing ganzer Abende, die Inszenierung von ‚Authentizität', die Herstellung von Präsenzeffekten erzeuge dagegen vor allem das Gefühl, dabeizusein, man darf sich beim Wahrnehmen erleben, meint auch Bernd Stegemann in seiner kürzlich erschienenen *Kritik des Theaters*,[26] die sich gegen die Vorherrschaft des zum Klischee geronnenen postdramatischen Paradigmas wendet, das Hans-Thies Lehmann vor fünfzehn Jahren ausgerufen hatte. Die damit einhergehende Vorherrschaft eines Präsenzstils nennt Thomas Oberender in der *Zeit* von Ende letzten Jahres fürchterlicherweise „die Kultur der Kreation", was an eine Mischung aus Werbesprache und faschistoider Rhetorik anmutet.[27] Er beschreibt sie folgendermaßen:

Die Kultur der Kreation schafft sich ihren ‚Text' selbst – ob als Musikstück, Choreografie oder Performance. […] Die Kultur der Kreation ist festlich. Sie versichert sich nicht feierlich im Abendkleid der Unvergänglichkeit großer Werke und Werte, die eine stabile Gesellschaft prägen. Sondern in ihr bilden bestimmte Milieus eine festliche Gemeinschaft auf Zeit. Das wird gerne verächtlich ‚Event' genannt, besitzt aber sozial eine logische und wertvolle Funktion. Daher die vielen Festivals, Raves und Langen Nächte.[28]

Auf der Theaterbühne hat dies laut Stegemann zur Folge, dass es keine Referenz mehr gibt: Ich bekomme nichts erzählt, keine Weltwahrnehmung, Weltverhandlung, nirgends. Zum einen Ohr hinein, zum anderen hinaus, behauptet wird die Gegenwart, als würde sie für sich etwas bedeuten. Die Gegenwart des aufklärerischen Dramatischen, in der alles offen ist, hat sich zur Gegenwart des Performativen verwandelt, in der alles abgeschlossen ist.

Das Utopische, für Heiner Müller immerhin noch Referenzgröße und in seinem glücklosen Engel der Geschichte begraben, ist abgefrühstückt. „Der Vorhang der Geschichte hebt sich nicht mehr, um jenes Drama aufzuführen, das ins gelobte Land führt, welches die utopischen Erwartungen vor Augen geführt haben"[29] – so drückte es Frank M. Raddatz bildreich aus; es sind Gegenwartsschleifen, die Bestätigung dessen, was ist, pure neoliberale Propaganda, so würde es Stegemann fassen. Am Ende des Theaterabends sehe sich das Publikum in nicht nur einer Inszenierung des letzten Jahres (ich habe mehrere in Erinnerung) über Video selbst, wie es das Theater betrete, und feiere dies mit frenetischem Applaus.

Meine schriftstellerische Praxis mag sich auf den ersten Blick nicht mehr mit dem Utopischen in Verbindung bringen lassen, aber es verhält sich sicher so, wie Bernd Stegemann das ausgedrückt hat, dass ich doch den Wald vor lauter Bäumen noch sehen will, das heißt, ich will Gesellschaft als Zusammenhang verstehen, auch wenn er nicht mehr in der geschlossenen Form beschreibbar ist, wie man es vor dreißig Jahren gemacht hätte. Dies kann ich ganz klassisch nur in Verbindung mit der Hoffnung auf eine gesellschaftliche Veränderung, auf ein Leben, das sozial gerechter und glücklicher verläuft, wollen. Theater ist mir nicht reines Spiel, es ist nicht reines Ereignis, es ist kein kritikloses Dabeisein mit der Wirklichkeit, ich bin kein interesseloser Spaziergänger der Wirklichkeit, wie es einmal Alexander Kluge ausgedrückt hat.[30] Ich will Formen des Sprechens finden, die den Gewaltzusammenhang gesellschaftlicher Verhältnisse deutlicher hervortreten lassen und gleichzeitig unterlaufen. Dass dabei das Uneingelöste eine gewaltige Rolle spielt, versteht sich von selbst.

Also die ungeschriebenen Texte zuerst, werde ich den Faden wieder aufnehmen, die halb geschriebenen danach und dann die geschriebenen, die nicht fertig werden, wie Roland Barthes in seiner Vorlesung *Die Vorbereitung des Romans* das bezeichnete.[31] Schriftsteller, also Schriftsteller, die interessieren, werden nicht fertig mit ihren Texten. Sie werden nicht endgültig fertig. Wie denn auch? Sie werden weitergetrieben von ihnen. Damit sind bei Barthes vermutlich nicht die Alternativen gemeint, die Variationen, die mir einfallen, wie man etwas ganz anders hätte machen können.

Ich hätte z. B. *fake reports* anders angehen können, denke ich mir heute, zwölf Jahre danach,[32] ich hätte eine Figur sagen lassen können: „Er gibt wieder an mit seinem Mann aus dem Nordturm, den er in der Wohnung der italienischen Germanistin stehen gesehen hat. Er gibt an mit dem Mann aus dem Nordturm, der hinter seiner Gattin auf und ab lief neben seinem Hündchen, für das man einen Teil der Wohnung abgesperrt hatte." Ich hätte nur über diese Wohnung in der Upper East Side schreiben sollen und den Hündchenverkehr darin nach dem 11.9. samt seinen Investmentbankerbewohnern, dieser stillen Wohnung, die nichts vermuten lässt, oder nein, ich hätte noch einen Schritt weitergehen sollen und schreiben: „Er hat den Mann aus dem Nordturm und ich nur das Tsunamiopfer, das heißt, ich hatte nur das Posttsunamithailand und nicht einmal das, weil ich war ja gar nicht da." Ich hätte eine Meta-Ebene mit Katastrophenkonkurrenzen aufmachen sollen, unter der dann die ganze Geschichte erzählt wird. Oder lieber doch nicht?

Nur ein halbes Jahr nach der Uraufführung meines Fluglärmstücks *Der Lärmkrieg* denke ich: Ich hätte die Bürgerinitiativen komplett draußen lassen sollen aus dem Geschehen, ich hätte nur drei Flughafenmanager sprechen lassen sollen und erzählen, wie man solche Leute fertigmacht, zum Schweigen bringt. Die Tricks, wie man auf die grüne Wiese ein Chemiewerk setzt, hätte ich neben die Tricks, wie man eine Landebahn in den Bannwald donnert und wie man die Ängste der Bürger miteinkalkuliert, setzen sollen. Zu einseitig? Zu polemisch? Plakativ etwa? Aber die Bürgerinitiativler mit hineinzunehmen, würde sie immer nur ins falsche Licht setzen, ins asymmetrische Licht sozusagen, werde ich sagen, das heißt, die Bürgerinitiativen waren mir ohnehin ein Dorn im Auge mit ihrer protestierenden Selbstgewissheit und Widersprüchlichkeit, und doch sind nicht sie das Problem, sondern das Problem ist die gewaltige Macht-Asymmetrie des ganzen Vorgangs.

Gewisse Dinge kommen einem später, und manchmal ist es gut, auf später warten zu können, was nicht heißt, dass die Gespenster der anders zu schreibenden Texte, die mich verfolgen, recht haben, dass die Varianten wirklich besser wären, dass sie die Stücke in ihren Schatten stellen. Tatsache ist, die Varianten erscheinen manchmal erst nach einiger Distanz, auch wenn das Stückprojekt sozusagen abgeschlossen ist.

Eine gewisse Form des Spiels mit dem Material entsteht erst durch eine gewisse Distanz, zu viel Distanz kann der Sache allerdings auch manchmal den Druck nehmen, den sie braucht. Das alles werde ich sagen, und dann werde ich mit Bernd Stegemanns „Mimesis"-Begriff eine Weile weitermachen, weil er doch meint, dass Mimesis nicht Imitatio sei, da käme noch die Dimension der Gestaltung dazu.[33] Dem Weltverhältnis, das man im Stück zusammenbringt, wohnt eine merkwürdige Zeitlichkeit inne. Ein Hin- und Hergerissensein der Autoren, ein Amalgam aus Stoff und Interesse, aus Zugriff und Deutung, ein Gespräch eben. Und ein Gespräch ist keine

Einbahnstraße. Stegemann, so scheint mir noch mehr in seinem Interview in der Ausgabe April 2014 von *Theater der Zeit*, schüttet aber doch dann immer wieder das Kind mit dem Bade aus, wenn er z. B. sagt, dass das Dargebotene die Wahrnehmungsfähigkeit des Zuschauenden oszillieren lasse und insofern der Zuschauer alleine sein Fühlen fühle und dies sei wiederum nichts als behaglich, was natürlich verwerflich und neoliberal sei.[34] Ich sage: Das hängt doch ganz von der Art der Oszillation ab. Ich denke doch, dass auch durch Oszillation des Materials eine inhaltliche Engführung entstehen kann, ein zwingender Gedanke, der nicht alleine auf eine Selbstwahrnehmung des Zuschauers hinausläuft. Vielleicht verstehe ich Stegemann falsch, ich las auch seinen Text über die *Kritik des Theaters* immer mit einer gewissen Sehnsucht nach Texttheorie, die er nicht liefern möchte, da es ihm um Inszenierungspraktiken geht. In der Literatur bin ich weit entfernt von solchen Fragestellungen, da sowohl Polysemie als auch polymorphes Arbeiten ein fixer Bestandteil ihrer Arbeit sind, der nicht wegzudenken ist. Eindeutigkeit kann es in einem gewissen Sinn nicht geben, treten die Texte auch schlicht auf. Und doch verstehe ich ziemlich gut, was er meint, wenn ich mir die zahlreichen postdramatischen Produktionen vor Augen führe, die ich auf Festivals, Festwochen, im HAU oder an der Berliner Volksbühne gesehen habe. Die Auseinandersetzung mit seinem Buch verdeutlicht das Problem, welches ich schon oft mit jeglichen normativen Texttheorien gegenüber der Schreibpraxis erlebt habe. Sie sind einfach nicht unterzubringen in jener, Schreiben ist gleichzeitig komplexer und konkreter und umgekehrt kann jene etwas sehen und bündeln, was der Schreibpraxis unmöglich ist zu sagen. Ich möchte aber dieser *Kritik des Theaters*, vor allem der dahinterstehenden Rigidität, widersprechen. Polysemie, Ironie, das Spiel mit Rahmen sind nicht nur postmoderne Spielzeuge, die der Selbstwahrnehmung des Publikums dienen, sondern eben nicht unabhängig von dem Kontext zu beurteilen, in dem sie auftreten. Genauso wenig wie eine ironische Haltung allein ein sich entziehendes Subjekt kennzeichnet, sondern immer ein gespanntes Verhältnis zur Welt darstellt, genauso wenig dient das polysemische Arbeiten alleine der Selbstwahrnehmung der Rezipienten. Und doch ist mir sein Einwurf, sein Einwand, seine ins Riesenhafte ausgewachsene und mit einem irren Aufgebot an Theorie verwachsene Stopptaste näher als die „Kultur der Kreation" von Thomas Oberender. Das werde ich sagen und mir dann plötzlich überlegen, dass mir das alles nichts hilft, dass mir als Autorin dieser Theaterdiskurs, der alles rein von der Inszenierung her denkt, im Augenblick nicht weiterhilft. Dass ich vielleicht zu sehr von der Prosa herkomme, dass ich ein Textmensch bin und müde, den Text zu verteidigen, dass mir das alles zu defensiv erscheint.

Das wird dann auch ungefähr der Moment sein, in dem Sie sich zu Wort melden und sagen: „Ja, genau! Nach den ungeschriebenen, den halb geschriebenen Texten und vergessenen Varianten müssten dann eigentlich die geschriebenen kommen!" Das *Making of* könnte ich jetzt präsentieren, die Produktionsstraße könnte sich jetzt freilegen, ich könnte jetzt endlich mal den Tonfall einer Volker-Lösch-Erfolgserzählung annehmen[35] oder eines Milo-Rau-Produktionsberichtes,[36] einer Rimini-Protokoll-Anekdote,[37] doch die fertigen Texte bestehen nicht nur aus dem Fleisch der Textzombies, sie gespenstern weiter, sie wollen auf Zukünftiges hinaus, zu Schreibendes, ich kriege sie einfach nicht in den Blick.

Wenn man mit Texten nicht fertig werden kann, heißt das nicht umgekehrt, dass man ein gespanntes, merkwürdiges Verhältnis zur Zukunft hat? Roland Barthes schrieb 1978: „Das SCHREIBEN, zumindest meines, ist nach vorn gerichtet, *protensiv*: es entsteht aus der Zukunft".[38] Was heißt das aber für Autoren, die im ständigen Futur leben, im ständigen Aufschub, Nichteingelösten, Uneingebrachten, wenn dem Rest der Welt das Futur aber abgeht, wenn es nur noch als Ressource für die Finanzmärkte herhält bzw. von denen vollständig aufgebraucht wurde. Was für ein Verhältnis zu ebendieser Welt stellt sich ein? Was passiert mit uns, die wir tief im Schuldeneuropa stecken, lassen wir die Zukunft wirklich versinken in den Futures, Optionen, den Derivatemärkten? Aus der Zukunft weht uns doch nur noch der Enteignungsatem an, sie wurde längst von anderen Akteuren in die Gegenwart gesaugt, verwettet, ist nur noch fiktiv, und ihre Fiktionen greifen unsere Theaterfiktionen an. Auch eine Bürokratie, die Big Data zur Verfügung hat, wird sich nicht mehr „mit dem beschäftig[en], was war oder ist, sondern mit dem, was sein wird."[39]
Die Bürokratie einer „Berechnungsgesellschaft", die *Minority Report* (2002) rechts überholt, lässt unsere Zukunft alt aussehen. Heißt das nicht, dass das Gespenstische, Unheimliche in dieses unser Verhältnis zur Zukunft hineinwandert? Dass es sich dort angesiedelt hat und gar nicht mehr so sehr in unserem Verhältnis zur Vergangenheit? Was bedeutet es, dass wir uns bereits als Schuldige fühlen gegenüber unseren Kindern. Dass wir der Zukunft etwas schulden? Und: Sind wir Schuldner oder Schuldige? Oder hängt dies immer automatisch zusammen in Zeiten, in denen man eigentlich nur über Märkte sprechen kann, ja, in denen die Märkte radikal geworden sind.

Vielleicht macht es Sinn, von der Utopie zur Atopie des Textes überzugehen, wie dies Roland Barthes in seiner *Lust am Text* getan hat. Er schreibt darin:

Der Text dagegen ist atopisch, wenn nicht in seiner Konsumtion, so doch wenigstens in seiner Produktion. Er ist nicht eine Redeweise, eine Fiktion, das System in ihm wird gesprengt, aufgelöst [...]. Von dieser Atopie gewinnt und vermittelt er seinem Leser einen merkwürdigen Zustand: er ist zugleich ausgeschlossen und friedlich. Im Krieg der Sprachen kann es ruhige Momente geben, und diese Momente sind Texte („Den Frieden", sagt eine Person bei Brecht, „gibts im Krieg auch, er hat seine friedlichen Stelln ... und zwischen dem einen Gefecht und dem anderen gibts ein Bier ..."). Zwischen zwei Redestürmen, zwischen den Prestigekämpfen zweier Systeme ist die Lust am Text immer möglich, nicht als eine Entspannung, sondern als ein unpassender – ein *zerfließender* – Durchgang einer anderen Sprache, als Anwendung einer unterschiedlichen Physiologie.[40]

Eine neue Form der Atopie mischt sich allerdings darunter. Als Roland Barthes das schrieb, hatte er noch nicht mit den gewaltigen Medienstürmen zu tun, in denen wir heute leben. Die Texte, die er beschreibt, von Stendhal, Proust, Flaubert, Sollers, hatten noch nicht diese medialen Umgebungen und vor allem medialen Überlagerungen um sich und in sich.

Denn in meiner Liste des Ungeschriebenen gibt es ja auch neben den nicht-konzipierten, den nicht ausgeführten, den falsch geschriebenen, den zu schnell oder zu langsam geschriebenen Texten, die nicht auswachsen durften, die, die einfach im falschen Medium hocken. Wobei ich mich langsam frage, ob es per se so ist, dass die Texte heute immer erst eine Weile lang im falschen Medium hocken müssen? Was heißt das eigentlich: Etwas sitzt im falschen Medium? Kann man das heute so einfach noch sagen? Hat sich nicht alles verflüssigt? Ist nicht alles einfach von einem ins andere zu transportieren? Adaptieren wir nicht auf Teufel komm raus? Wenn alles sich verflüssigen lässt, was für eine Rolle spielt die mediale Grenze oder gar die Gattungsfrage noch? Gerinnt sie nicht zum Medienklischee? In meiner Arbeit weiß ich, dass ein Stoff sein Aussehen radikal verändert je nach medialer Situation. Manchmal kann das interessant sein, oft genug. Im Theaterbetrieb soll manchmal aber nur der Geruch des Bestsellers transportiert werden. Zuschauerzahlen optimieren, heißt die Devise, neue Schichten fürs Theater gewinnen, was eine ernst zu nehmende Aufgabe ist. Aber es macht einen Unterschied, ob ich einfach den Thomas Mann im Programm haben will, weil er Bildungspublikum zieht bzw. ganze Schulklassen hereinschaufelt, oder ob von vornherein die mediale Situation Teil der ästhetischen Fragestellung ist. Denn wenn dem nicht so ist, erreicht man höchstens, dass man Rahmen vom ästhetischen Inhalt trennt, dass der *content* seltsam gleichförmig, quasi formlos anmutet und der Rahmen alles entscheidet. Es entstehen Adaptionsregeln, die die ästhetische Schärfe des Gegenstandes schleifen. Z. B. ist es sinnlos, *J R* (1975) von William Gaddis auf die Bühne zu bringen. Wenn alles flüssig wird, was bleibt dann übrig? Doch umgekehrt gefragt: Kann man im Zeitalter des apparäts, wie Gary Shteyngart das in seinem Endzeitroman *Super sad true love story* (2010) ausgedrückt hat, also dem Zeitalter der Smartphones, in dem alles flüssig wird, nur niemand weiß, wie man es bezahlt, sein Medium überhaupt noch beherrschen? Gibt es überhaupt noch eine Medientrennschärfe? Und ist Literatur nicht längst eine Dienstleistung, quasi der *content*-Produzent für feststehende Medienformate? Oder soll sie ihre eigenen Formate schaffen? Klar, werden Sie sagen, aber so einfach ist das nicht, das gelingt nur sehr selten. Vielleicht aber muss deswegen bei mir jeder Text auch ein bisschen das Gefühl des Nicht-heimisch-Seins im Medium transportieren? Vielleicht müssen die Medienüberlagerungen sich selbst thematisieren, um überhaupt noch so etwas wie Notwendigkeit auszudrücken? Vielleicht müssen die Texte widerständig werden gegen das völlige Verschwinden im medialen Kontext und metamedial funktionieren? Quasi in mehrere Medienbereiche wuchern?

Doch umgekehrt staune ich, wie viele Bühnenuntauglichkeiten mir derzeit begegnen, denn das gibt es auch noch: Es sieht zumindest so aus, als wäre mein eben entstehender Prosatext *Nonbookecke*, der von der durch Gentrifizierung hervorgerufenen Verwahrlosung von Räumen erzählt, nichts für die Bühne, genauso wenig wie das vollverabschiedete Medium Fernsehen im teilverabschiedeten Medium Theater sich gut macht.

Ja, was alles kein Theaterabend ist, summiert sich in meinem Leben: Der Vorgang, wie ich einmal keinen Film über die ZDF-Zuschauerpanik machen durfte, ist kein Theaterabend. Der Vorgang, wie ich stattdessen einen Film über den Atomkraftwerksrückbau gemacht habe, also über die Verabschiedung von Atomkraftwerken, während ich die Verabschiedung von ganzen Medien beiseiteschob aus meinem Blickfeld, ist kein Theaterabend. Der Vorgang, wie die Verkürzung der Erzählung über die Verabschiedung von Atomkraftwerken mit der Verkürzung der Erzählung über die Verabschiedung vom öffentlich-rechtlichen Medium nichts zu tun haben durfte, ist vermutlich noch weniger ein Theaterabend, weil er nach Verzettelung riecht. Und Verzettelung ist ein Theatergift, ist ein Abmurkser im dramatischen Sinn. Verzettelung ist bühnenuntauglich, es sei denn als komischer Monolog, wie er vielleicht gerade wieder modisch wird, aber der komische Monolog müsste dann mindestens rückgebunden sein an den Wunsch, den Wald vor lauter Bäumen zu sehen, und das kann man ab einem bestimmten Punkt nicht mehr garantieren. Der komische Monolog des Verzettelns zeigt den kauzigen Charakter, den Zerstreuten, zeigt ein Herumirren in einer Welt der Desinformation, ihm geht das Tragische ab, dem wiederum jegliches Existenzrecht auf der Bühne abzusprechen sei, weil es sich auf Subjektkonzeptionen gründet, die nicht mehr einzuhalten sind. Vielleicht, weil wir Metz & Seeßlen'schen Blödmaschinen unterworfen sind, die der Infantilisierung Vorschub leisten?[41] Überraschungseiern, Fernsehserien, ICE-Schaffnern, Apps, Freizeitparks und gewissen Computerspielen? Blödmaschinen sind leider extrem realitätswirksam, sie ergeben aber für sich noch keinen Theaterabend. Oder bleibt uns nur noch der Nerdmonolog, wie ich ihn Oliver Kluck oder Wolfram Lotz zuschreibe?

Die Welt mit ihren Ausbeutungs- und Infantilisierungswirklichkeiten scheint sich mit Computerlichtgeschwindigkeit von den Theatertauglichkeiten zu verabschieden, genauso wie die ausdifferenzierten Bürokratien und Expertokratien unserer Zeit das alte Parteiensystem unterlaufen. Die Expertenbefragung und Expertendelegation ersetzt jede argumentative Durchdringung. Castingshows jegliche dramaturgische Raffinesse. Und doch sind Castingshows die alles beherrschende theatrale Form in den Massenmedien. Die Auswahl und Einwahl, wer es schafft, wer weiterkommt. Nicht umsonst wurden sie schon zahlreich zitiert, am prominentesten sicher von Christoph Schlingensief mit seinem Wiener *Big-Brother*-Format.[42] Und doch bin ich zuversichtlich, dass das Theater mit seinen vielschichtigen Mitteln und pluralen Formen – es ist ja auch eine Fiktion, von *dem* Theater zu sprechen – die Möglichkeit hat, damit umzugehen, aber es wird ganz klar mit Formen des Widerständigen zu tun haben müssen.

Wenn Literatur bedeutet, Widerstand zu leisten, in dem man, wie der französische Philosoph Gilles Deleuze das Ende der 1980er in dem schon erwähnten *L'Abécédaire* sagte, etwas Inkommensurables schafft, dann spielt nicht nur die mediale Frage, das Setting, eine wesentliche Rolle, das Inkommensurable liegt aber auch immer in einer spezifischen formalen sprachlichen Situation. Es ist nicht runterzureduzieren.

„Die guten Bücher sind in einer Art Fremdsprache geschrieben", ist jedenfalls das Motto von *Kritik und Klinik* von Gilles Deleuze,[43] denn was macht die Literatur in der Sprache?

Sie entwirft in ihr, wie Proust sagt, eben eine Art Fremdsprache, die weder eine andere Sprache noch wiederentdeckter Dialekt, sondern ein Anders-Werden der Sprache ist, eine Minorisierung jener großen Sprache, ein Delirium, das sie fortreißt, eine Hexenlinie, die aus dem herrschenden System ausbricht.[44]

So Deleuze. Habe ich Hexenlinien entworfen? Und wie stehen die Hexenlinien in Verbindung zu den Fehlerketten, die unsere Gesellschaft gleichermaßen ausmachen? Es gibt ja nicht nur die Fehlerketten der Piloten im Cockpit, es gibt auch die Fehlerketten in der Unternehmensführung, die Fehlerkette in der Steuerneuordnung, Fehlerketten beim Entstehen eines Gesetzes, aber auch die Fehlerketten der Falschbetonung im Radio, ja, es gibt die Falschbetonung, die plötzlich eine Reise macht, die plötzlich von allen übernommen wird, und dann reden alle so! Es gibt sogar Fehlerketten im Verhältnis von Freunden, und die Fehlerketten im grammatikalischen Gebrauch, wie „etwas macht keinen Sinn" oder „weil, das macht man nicht".

Wir können uns fragen: Was bindet den einen Fehler an den anderen, wie hängen sie zusammen, welches Prinzip verknüpft sie? Das Prinzip der englischsprachlichen Hegemonie? Der Ökonomisierung von Sprache? Wohin führen Fehlerketten letztendlich: immer in die Katastrophe, wie gesagt wird? Und wer holt uns da wieder raus? Ist es so: Fehlerketten verwandeln uns in Automaten und Hexenlinien reißen uns wieder raus? Das müssten doch Antagonisten sein? Oder kann man einen Text wie eine Fehlerkette betrachten, die sich ein Stück Ergebnisoffenheit bewahrt hat?
   Erlernen wir literarische Fremdsprachen, indem wir durch Fehlerketten durchmüssen und gleichzeitig den Hexenlinien folgen? Wie lassen sich literarische Fremdsprachen beschreiben?
   Zunächst setzen sie sich aus den unterschiedlichsten, oftmals auf den ersten Blick sehr vertraut aussehenden Sprachen zusammen, die sich manchmal spinnefeind sind. Sie sind Zusammenballungen von sprachlichen Zumutungen. Es sind Börsennachrichten, die kleinen sprachlichen Gesten gegenwärtiger Wirtschaftsdiplomatie, die Businesssprachen der Politik, merkwürdige Fachbegriffe, die uns als Sicherheitsanker angeboten werden und uns nur untergehen lassen, gefährliche Wörter, plötzlich mächtig und plötzlich ohnmächtig werdende, abwartende und zupackende. Sie bestehen aus Jingles und Signaturen, aus Leitzordnerabdrücken und Lektüreergebnissen, kommen aus dem Hörensagen, dem Grundstrom der Mündlichkeit, auf der unsere Gesellschaft laut Alexander Kluge noch immer beruht.[45] Oder sie kommen

aus dem merkwürdigen Hybridzustand aus Mündlichkeit und Schriftlichkeit, die unsere Alltagserfahrung ist, wie dies der Schriftsteller
Hubert Fichte so genial vorgeführt hat, mit seinem poetischen Realismus, seiner musikalischen Ethnografie, seinen Sounds aus dem Jenseits.
Sie sind Abkürzungen alter sprachlicher Wege oder umgekehrt Umfah-
rungsstraßen. Sie stehen immer in mehreren Kontexten und bilden den
Kontext für neu zu Sagendes.

Die literarischen Fremdsprachen sind verbunden mit dem Verlangen,
den Wald vor lauter Bäumen nicht vollständig zu übersehen. Sie zielen
auf eine relevante Struktur, sie sind eine Verknüpfung von Gesten gegenüber ihren Zuhörern, Lesern, die wiederum für die Gesellschaft stehen.
Denn „Schreiben ist keine private Angelegenheit von irgendwem", wet-
terte Deleuze im *L'Abécédaire*, „Schreiben ist, sich in eine universale
Angelegenheit zu stürzen!" Nichts ist ihm widerlicher als Autoren, die
ihre Privatdramen aufführen. Er fordert den Schriftsteller auf, an die
Grenze zu gelangen, die die Sprache vom Schweigen trennt, die Grenze
der Animalität, auf der sie entlangschreiten sollen. Was genau das sein
kann, muss immer wieder neu gefunden werden. Die Grenze verläuft
nicht homogen, sie ist keine einfache Linie. Sie verbindet sich mit anderen Grenzen und löst sich wieder von ihnen.

Auf der Liste meiner ungeschriebenen Stücke sollte sie vorhanden sein,
doch ganz gewiss kann man sich da nicht sein. Die Grenze des Schweigens und der Animalität ist vielleicht am ehesten durch das Abwesende
verdeutlicht, das mich in unterschiedlicher Weise fasziniert hat,[46] weil es
meiner Meinung nach gesellschaftlich eine immer größere Rolle spielt:
Die Verschiebung durch den Konjunktiv, das Fehlen einer zentralen
Figur, Verrückung durch Rhetorik, durch die paradoxe Anwesenheit
eines Erzähler-Ichs, das aus den Figuren Anwesend-Abwesende macht,
hängt zusammen mit dem Verlust von Ansprechpartnern, Verantwortungen, Auflösung sozialer Bande, Unübersichtlichkeit sozialer Situationen, Burnouts, Verlustängsten. Die Grenze des Schweigens entsteht
an den Rändern der medialen Präsenzen, die auf der Bühne ebenfalls negativ zitiert sein können. Die Sogwirkung der Fehlanzeigen, die Verdichtungen aus der Negation müssen allerdings so gebaut sein, dass sie
zwingend sind und eben nicht freundlich oszillierend, wie der Gegner
des postdramatischen Klischees sagen würde. Ja, das werde ich sagen
und ein letztes Mal auf meine Liste der ungeschriebenen Stücke sehen.

Am Schluss findet sich dort nur noch ein Stück, eines, das vielleicht bald
von der Liste gestrichen werden kann, weil es hinaustritt ins Geschrie-

bene, wer weiß? Es ist mein Stückentwurf *Normalverdiener*, ein Stück, in dem das Reden über Geld mit dem Schweigen über Geld zusammenkommen soll; es sich gruppiert um eine Figur, die selbst nicht auftritt, in der Szene nicht enthalten ist, eine Beschwörung der Finanzkraft von Seiten des untergehenden Mittelstandes, eine Verdrehung der Opfer-Täter-Optik, wie es nur in diesem Milieu vorkommen kann. Es ist das Stück, das JETZT geschrieben werden könnte, wenn ich nicht diese Poetikvorlesung schreiben müsste. Ein Stück, in dem die Rede über Märkte andauernd vorhanden ist, auch wenn es scheinbar um anderes geht, in dem die Marktfiktionen ohne banale Offensichtlichkeit ihre Arbeit verrichten können, ein Stück, in dem sich auf atopische Weise die Psychologie dieser Märkte mit ihren Störungsformen zeigt und wie sie längst in einer unheimlichen Machtstruktur aufgehen, überlege ich mir, etwas enthusiasmiert von meiner eigenen Vorstellung. Ich werde nicht aufhören können zu schwärmen von meinen eigenen Gehversuchen in Richtung dieses Theaterstücks. Darin enthalten: Unser Zögern, sofort zu reagieren, wenn wir eins übergebraten bekommen. Die Schockstarre, in der wir einen Großteil der Zeit unseres politisch-ökonomischen Lebens verbringen. Das Sich-Heranschmeißen und Herumscharwenzeln eines Mittelstandes, der sich mit der Leistungslüge gegenseitig abschießt. Jenes letzte ungeschriebene Stück, werde ich sagen, könnte so beginnen:

– Er hätte einen begrüßen können, finde ich, das wäre nun wirklich gegangen. Kaum kommt man an, schon muss er darüber reden, was ihm alles gehört. Er kann gar nicht anders.
– Ja, das volle Programm: mein Haus, mein Auto, meine Frau.
– Nein: meine Firma, mein Investment, mein Land. Wo er geschäftlich seine Finger drinstecken hat.
– Er kann gar nicht anders, als uns jetzt zu unterbrechen und zu sagen, was ihm gehört. Jemand in der Runde erzählt was, und er unterbricht mit seinen Eigentumsverhältnissen.
– Uns interessieren aber seine Eigentumsverhältnisse nicht. Sie kommen uns andauernd in die Quere. Jemand erzählt von seinem Karrieresprung und von links kommt ein Schloss in der Bretagne und von rechts eine Yacht.
– Er ist befreundet, quasi dauerbefreundet mit Abramowitsch und Konsorten.
– Er hat seine russischen Oligarchen und wir haben keine russischen Oligarchen. Das macht natürlich einen Unterschied.
– Wir hätten erstaunter sein können, also mich hat das schon erstaunt, wie sich da eins zum anderen fügte.

- Jemand erzählt von einem Geschäftsabschluss, einem neuen Kontakt, einer neuen Stellung, die er jetzt hat, und er platzt garantiert dazwischen. Mit dem, was er von einem gleichwertigen Freund zum Geburtstag bekommen hat. Und wie viel es ihn gekostet hat, da es hier merkwürdige Zollbestimmungen für teure Rotweine gibt.
- Er kann sich aber immer noch über zehn Euro ärgern, um die er betrogen wurde.
- Die man ihm zu viel berechnet hat.
- Er lebt dann ganz plötzlich in der Welt der zehn Euro ...
- Und die Welt der zehn Euro weiß nicht, wie ihr geschieht. *(lacht)*
- ... und will, dass wir auch in der Welt der zehn Euro leben, mit ihm zusammen.
- Das kann ich nicht, nicht so plötzlich.
- für einige Augenblicke nur, einen Moment nur, den er wieder verwischt mit einem Millionenangebot, das nur ihn allein betrifft.
- Das kommt aus dem Telefon. Online.
- Dann lebt er nicht mehr in der Welt der zehn Euro.
- Dabei haben wir uns so vorbereitet: Er erinnert uns an Putin, haben wir lachend gesagt, Saddam Hussein oder Gaddafi, und sind jetzt doch überrascht.
- Wir haben Filme angesehen, den Gaddafi-Film, den Saddam-Hussein-Film – das heißt, den Film über Husseins Sohn Udai und dessen Doppelgänger. Eine Szene, in der die beiden Saddam Husseins auf einem Dachgarten Tennis spielen, wird gezeigt. Man weiß nicht, wer der echte Saddam Hussein ist, man weiß nur, dass beide Tennis spielen. Die Welt der Doppelgänger und Doubles hat sich uns eröffnet, wie sie auf den höchsten Ebenen der Macht stattfindet und Tennis spielt. Die Autokraten müssen schließlich überall gleichzeitig sein, haben wir uns gesagt.
- Jetzt spielen wir mit ihm Tennis, aber in echt.

Wird das Stück so beginnen? Na, ich werde es vorlesen und dann wieder von den Märkten sprechen, denn am Ende, sage ich mir jetzt, kommen wir ohnehin immer zurück zu den Märkten. Den übergroßen Märkten, von denen es heißt, sie wären am besten „freie Märkte", dann bräuchte man, so Milton Friedmans Theorie, nicht so viel über sie zu wissen, sie funktionierten ohne das Wissen ihrer Player, wie es heute so schön heißt. Sie funktionieren aber nicht ohne das Wissen, stelle ich immer mehr fest. Mehr noch: In Wirklichkeit produzieren wir nichts als Marktwissen, nichts anderes gibt es mehr. Wir sind von Marktfiktionen nahezu überwuchert. Auch ich komme da nicht raus.

Vermutlich ist das meiste, was ich zu Ihnen sagen werde in meiner ersten Poetikvorlesung, auf irgendeiner Ebene reinste Marktfiktion oder zumindest bleibt das dann bei Ihnen hängen. Da kann man nur hoffen, dass sich irgendein Techno-Zwitscher-Geist darin findet, dass irgendein sprachlicher Dämon dazwischenfunken wird und dann ordentlich Krach macht. Mal sehen!

ZWEITE VORLESUNG

KARTEN UND IHR GEGENTEIL
Kollektive und Revolten

1. Dystopie

Wir befinden uns an einem scheinbar sicheren Ort: das Krankenhaus am Rande der Arktis. Oder war es die Antarktis? Die Überlebenden der Expedition treffen ein, fühlen sich schon gerettet, zu früh, wie wir bereits ahnen. Sie stolpern als unsere Stellvertreter die Gänge entlang und wollen endlich mal stehen bleiben können; sie wähnen sich schon befreit von dem, was da hinter ihnen liegt, und setzen sich auf die Wartebänke, um nichts als durchzuatmen. Sie glauben, das alles wiederzuerkennen: Rezeptionstheke, technische Geräte, Bürokratie, medizinisches Personal, das allerdings schon arg zerstreut wirkt. Sie glauben, ihre Welt wiederzufinden, die sie einen grauenvollen Moment lang verloren hatten, aber im Grunde erkennen sie nichts wirklich wieder, sie blicken nicht wirklich durch, bis irgendein kleines unscheinbares Detail sie aufmerksam macht: Das Unheimliche war auch hier schon und hat alles an sich gerissen. Die spukhaften Erscheinungen, die sie quer übers Eis gejagt haben, das Ding aus dem All, die Geister der Evolution, sie sind auch durch dieses Krankenhaus gegangen, um sich am Menschen zu rächen, und haben es besetzt, haben aus ihm einen Nicht-Ort gemacht. Sie sind jetzt überall. Es ist kein Entkommen möglich.

Oder: Man hat den Stadtrand erreicht. Die Wildnis hat einen tatsächlich wieder ausgespuckt. Die Geisterstadt hat man verlassen und ist ins Lebendige zurück. Oder doch nicht? Bröckeln da nicht die Wände, ist es nicht derselbe Grauton, der sich DORT über alles gezogen hat? Dieser seltsame Schneefall, wie ein Fallout, setzt er nicht auch hier ein? Die Straße hat sie jedenfalls erreicht, die junge Frau, so viel steht fest. Endlich, nach stundenlangen Irrläufen durch die Wildnis, gehetzt von DEM TIER oder was sie dafür hält. Ein Bus ist gekommen, der auch angehalten hat und sie mitnehmen wird. Es ist ein Schulbus, was sonst? Was will er hier mitten in der Nacht? Wir wissen bereits, wo sie wirklich gelandet ist. Wir wissen bereits: Es ist zu spät, um wieder auszusteigen.

Oder: endlich wieder Tageslicht. Endlich hat man den Ausweg aus dem Höhlensystem gefunden, an unterirdischen Bächen entlang. Bachläufen, die mitunter einen Höllenlärm veranstalteten, mitunter nur zu flüstern scheinen, als wären die Stimmen der Toten in ihnen unterwegs. Die Stimmen und die Sprachen, die keiner mehr versteht, die Hinweis geben könnten, Unheimliches offenbaren, haben einen begleitet, ermüdet, irritiert. Und jetzt sieht man das Tageslicht, endlich, ein frischer Luftzug, man hört einen Vogelschrei, als wäre da ein Leben irgendwo. Vielleicht ein Tier, das sich weiter oben im Gestein verirrt hat, da hängen geblieben ist und gleich wieder die Öffnung finden wird hinaus – ja, das muss es noch geben, das Draußen, die frische Luft, das Licht und die Überlebenschance. Doch schon ist er weg, der Vogel, im Gegensatz zu uns, die vor dem Schlund stehen und erneut dem Flüstern der Toten ausgesetzt sind. Aus der Höhle gibt es kein Entrinnen, und es ist kein einfacher Platon, auf den wir hier im Augenblick gleichnishaft hinauswollen.

Das Wissen, dass sich die rettenden Orte aufgelöst haben, umspült uns täglich, es ist das Wissen, das derzeit hauptsächlich produziert wird, die Ahnung, dass es jeden Augenblick unseren Alltag, den ganz normalen Gang der Dinge nicht mehr geben wird, dass sich jede Sekunde alles auflöst, wie ein Nebel verzieht, die dicke Decke der Warenströme plötzlich zum Gespinst werden kann, es setzt sich langsam durch. Der Berg ist ins Rutschen gekommen, der Finanzkrisenberg, der Klimawandelberg, der Sozialkriegsberg, und hört nicht mehr auf, sich fortzubewegen, über uns hinweg. Es gibt sie nicht mehr, die harmlosen Vorgärten, die gespensterlosen Einkaufszentren, die zombiefreie Zone der Innenstadt. Es gibt es nicht mehr, das Familienleben jenseits von Freddy und Freitagszorn. Poltergeister ziehen in Schwärmen durch Altstadthäuser, Reihenhäuser und Wohnanlagen, sie nehmen sich alles vor, sie nehmen alles mit, die stillen Rückzugswinkel harmonischer Gemeinschaft.

Sie haben es erraten, ich spreche vom Mittelstand. Und vom Abstieg, Verlust und Verfall desselben. Die Gewalt, auf der unsere Eigentümer-Gesellschaft fußt, schlägt durch. Die Befriedungsversuche sind ausgelaufen, heißt es, wir steuern wieder auf jeder gegen jeden zu.

Ich spreche vom Mittelstand, von einer vagen Zusammensetzung von Leuten, die seit einiger Zeit mit Verlusten rechnen müssen. Menschen mit der Fiktion der Leistungsgesellschaft in der Birne. Ehemalige Aufsteiger. Die Leute, die laut der *taz*-Wirtschaftsredakteurin Ulrike Herrmann „Hurra, wir dürfen zahlen!" rufen, und: „Leistung zahlt sich immer noch aus!"[47] Ich muss nicht erst betonen, dass ich mich selbst dazuzähle, warum, weiß ich nicht so genau. Wir sind es jedenfalls, deren Lebensgefühl in den Horrorfilmen seinen Ausdruck findet. Wir sind die Zielgruppe. In vielerlei Hinsicht. Langsam dämmert uns, dass man mit Leistung allein nicht weiterkommt, dass es nicht ausreicht, die eigenen

Kinder in Privatschulen zu stecken, aus denen sie dann nie wieder herausfinden. Dass es nicht ausreicht, Lebensversicherungen abzuschließen und Aktienpakete zu kaufen wie die Großen, diejenigen, die das dauernd machen. Die Verluste überwiegen, auch wenn wir uns permanent selbst optimieren, immer leistungsfähiger werden, immer effizienter. Von uns heißt es, wir seien das traditionelle Theaterpublikum, aber auch da dezimieren wir uns, da mögen die Stadttheater uns noch so sehr hinterherrennen, während sie andauernd ihre Effizienz steigern, ihren Output mit noch weniger Mitarbeitern stemmen, Inszenierungen zu noch brandaktuelleren Themen an noch brandaktuelleren Locations anbieten. „Das Theater kommt in die Stadt", heißt es dann bezeichnenderweise, als wäre es nicht sowieso dort. Die Stadt kommt trotzdem immer weniger ins Theater.

Insofern kennen wir uns auch eher von *Silent Hill* (2006), wir kennen uns von *The Day After Tomorrow* (2004), wir sind uns schon bei *A Nightmare on Elm Street* (1984) und *Jeepers Creepers* (2001) über den Weg gelaufen, oder hat uns nicht *The Ring Two* (2005) zusammengebracht? Wir haben uns jedenfalls aneinander gewöhnt, wie wir so beieinandersitzen und dem Monströsen zusehen, das sich vor uns ereignet. Das Biest und wie es sich bewegt, das interessiert uns sehr. Und was haben wir für Tiere gesehen! Was haben wir in ihnen nicht alles vermutet! Auch im Theater haben wir ihnen zugesehen, den Pferden, Tauben, Hühnern, Hunden, die irgendwann in der zweiten Hälfte des 20. Jahrhunderts da aufgetaucht sind – Halbtagsbestien sozusagen, von denen es irrtümlicherweise heißt, sie könnten nicht sprechen. Sie repräsentieren in jedem Fall das Anti-Schauspiel inmitten der Inszenierung, das Wunder des Authentischen, und haben deswegen gleich neben den echten Leuten von der Straße heute Hochkonjunktur.

Tiere schwindeln nicht, heißt es dann. Dies ist eine beliebte deutsche Vermutung. Der amerikanische Autor John Jeremiah Sullivan weiß es besser. Er schreibt in seinem Reportageband *Pulphead* eine wunderbare Story über Tierangriffe, die sich in unseren Tagen mehren würden.[48] Das heißt, beunruhigende Verhaltensänderungen der Tiere lassen auf beunruhigende Veränderungen der Natur insgesamt schließen. Ein Rausschmiss der Menschheit stehe uns bevor, das haben wir bereits geahnt, aber so, über holprige genetische Entwicklungssprünge? Denn Sullivan weiß: Tiere sind mittlerweile wie Menschen. Das heißt, sie verhalten sich mehr und mehr so.[49] Er schreibt den Tieren zumindest mehr Psychologie zu, als wir uns vorzustellen bereit sind, er geht in seinem Bestienbefund nicht den üblichen Genregang eines Frank Schätzing.[50] Die Stinkwut seiner Tiere ähnelt der Stinkwut ihrer Forscher, die er gleichzeitig porträtiert, sie sind deren Komplizen, könnte man meinen, nicht deren Widersacher, so schauerlich ihr Werk auch ist. Aber so sehr Sullivan die Tiere zu etwas nerdigen Zeitgenossen macht, eine Zuschreibung kann er am Ende nicht verhindern: Sie tauchen in den Endzeitszenarien immer in der Mehrzahl auf. Ihre Bedrohlichkeit liegt darin, dass sie den Plural repräsentieren. Sie sind die Meute, die Art, der Schwarm, und auf der Metaebene stehen sie natürlich immer für ihre Gattung.

In dem schon in meiner letzten Vorlesung erwähnten Interview-Film *L'Abécédaire* von Claire Parnet mit dem Philosophen Gilles Deleuze ist „Animal" der erste besprochene Begriff. Deleuze sagt, der Schriftsteller schreibe „für die Tiere", er ergreife das Wort für sie, mehr noch, er sei verantwortlich „vor den Tieren, die sterben". Und: Man müsse sich als Schriftsteller auf der Grenze entlangbewegen, die einen von der Animalität trenne, genau wie man sich in der Philosophie auf der Grenze befinde, die das Denken vom Nicht-Denken trenne. Die Tiere, die im Theater der letzten Jahre auftauchen, machen jedenfalls hauptsächlich die Grenze zwischen Spiel, das heißt Inszenierung, und Authentischem auf, sie gelten als Zwitterwesen, Zwischenwesen der Bühne, Reporteure des Realismus.

Deleuze schreibt dem Tier interessanterweise als erstes Kennzeichen zu, dass es eine Welt habe. Es führe nicht wie der Mensch ein Allerweltsleben, sondern sei einer spezifischen Umwelt unterworfen, dabei stecke es sein Territorium ab, eine wunderbare Fähigkeit, kommentiert er. Ob der Schriftsteller ebenso ein Territorium habe, fragt Claire Parnet. Ein Territorium zu erstellen sei fast so was wie die Geburt der Kunst, kommentiert Deleuze, wenn es einen auch nicht zum Tier mache. Theaterstücke zu schreiben ist eine Art, ein Territorium zu erstellen, aber eines, das nicht rein einer herkömmlichen szenischen Vorstellung entspricht. Es ist auf der textlichen Ebene ein Territorium – bestehend aus Sprache, das heißt aus Klang, räumlicher Abstraktion, Rhetoriken, Begegnungen, Idio- und Soziolekten, Fachsprachen, psychischen und sozialen Sprechmotivationen, Schweigen, Fremdsprachen, Verständnis und Unverständnis, Stolpern, Stottern, literarischen Traditionen der Mündlichkeit und Schriftlichkeit, Dramaturgien –, das seinerseits im größeren Territorium der Inszenierung bestehend aus Klang, Körper, Bewegung, Bühnenbild, Spielarten, Lautstärke usw. aufgeht. Der theatrale Raum ist nicht einfach zu fassen, er untersteht einer imaginären Territorialität, die eine vielschichtige Architektur aufweist.

Interessanter jedoch, als ein Territorium zu erstellen, sei es, so führt Deleuze nun weiter aus, es zu verlassen, was bedeute, dass man etwas riskiere. So benötige die Philosophie „barbarische" Wörter, um etwas Neues zu denken, Wörter, die nicht dem eigenen Territorium entsprängen. Sein Interview gab Deleuze Ende der 1980er Jahre, genau zu dem Zeitpunkt, als das, was Hans-Thies Lehmann später als Postdramatik zu fassen versuchte, bereits auf einem ersten Höhepunkt war. Man kann diese postdramatischen Aufbrüche sicherlich genau als eben das beschreiben: als Deterritorialisierungsbewegungen. Das avancierte Theater folgt nicht mehr den durch die Moderne sehr in Bewegung geratenen Konventionen, es hat diese radikal verlassen, die Szene, das Schauspieltheater, das heißt, das Verhältnis von Text, Schauspieler und Bühne ist auseinandergebrochen, das avancierte Theater ist in einem performativen *turn* oder in den Textflächen einer Elfriede Jelinek gelandet, in installativen theatralen Projekten.

Also was kann es heute, über zwanzig Jahre später, bedeuten, in einer Deterritorialisierungsbewegung durch das Theater zu ziehen? Und was heißt das für die Theatertexte in einer Zeit, in der der Aufbruch zum Klischee geworden ist? In einer Zeit, in der im Gegenteil zahlreiche Reterritorialisierungsbewegungen stattfinden und es schon postpostdramatisches Theater gibt, das in konventionellerer Form mit Medienzitaten spielt. Der Widerstand gegen das postdramatische Theater, die Rufe nach Konventionen und das leider oft dümmliche Wettern gegen das Regietheater sind Zeichen davon. Insofern ist da einiges in Bewegung geraten.

Mit Sicherheit jedenfalls stellt sich die Frage neu, welches Verhältnis zwischen den imaginären, von Texten hergestellten Räumen und dem konkreten Bühnenraum, zwischen Schauspielern und Text herzustellen ist, und sie kann nicht mehr auf Dauer beantwortet werden. Und: Welche Zeitlichkeit wohnt dem Bühnengeschehen inne? Sind die imaginären Texträume größer als die Szene oder sind sie kleiner? Was machen sie mit dem Raum? Zerschneiden sie ihn, lassen sie ihn ausfransen, verleihen sie ihm eine Wucht, entsteht ein fester oder eher flüchtiger Raum. Fehlt etwas?

Ich denke, wenn es sich um einen realistischen Raum handelt, dann fehlt notwendigerweise immer etwas. Es fehlt die entscheidende Figur, der Tonangeber. Es fehlt das direkte Gegenüber. Es fehlt der Zusammenhang zwischen zwei Figuren. Es fehlt der für eine Entscheidungssituation so wichtige Überblick. Es fehlen Antworten auf Fragen, es fehlen die Fragen, es fehlt die Zuständigkeit. Es fehlt die Verantwortung.

Welchen Raum beschreibt das chorische Sprechen über die Finanzmärkte? Welchen das Ins-Wort-Fallen dreier Mütter, die einander in ihren Lebensführungen und Erziehungsweisen nicht aushalten und sich gegenseitig annullieren wollen? Überhaupt die Vernichtung des Gegenübers in Paniksituationen, wie lässt sich das räumlich ausdrücken? Macht das die Textraumfrage so groß bei mir? Bei Handkes *Die schönen Tage von Aranjuez* beispielsweise stellt sich die Raumfrage nur zweitrangig, hier sind es zwei Figuren, die sich besprechen, um ihr Verhältnis geht es: Mann und Frau.[51] (Natürlich kann die Inszenierung dem Text über die Raumfrage etwas hinzufügen, aber es ist nicht zwingend.) Wenn ich aber nicht von einem derartig einfachen Face-to-Face-Verhältnis zwischen zwei Figuren ausgehe (jenseits einer Figurenpsychologie, auf die ich hier nicht abziele), wenn da immer etwas Drittes ist, etwas Abwesendes, etwas Größeres, was sich dazwischenschiebt, wenn der Text ein komplexeres Verhältnis aufmacht und auf Sprache als Herrschaftsstruktur abzielt, die schwerer wiegt als das einzelne Handlungsvermögen, dann wird diese Frage wichtig. Ein Theatertext ist dazu da, diese räumliche Frage zu stellen, die trotzdem bestehen bleibt, auch wenn sie vom Regisseur oder der Regisseurin in installativer oder szenischer Form gelöst wird.

Deswegen faszinieren nach wie vor Texte von Heiner Müller wie *Bildbeschreibung*[52] oder *Verkommenes Ufer. Medeamaterial. Landschaft mit Argonauten*,[53] deswegen finden Elfriede Jelineks Texte zu immer wieder interessanten Inszenierungen.

Ich denke in jedem Fall, dass heutige Deterritorialisierungsbewegungen vielschichtiger und nicht ganz so offensichtlich verlaufen wie die vor zwanzig Jahren. Dass es sinnlos ist, das Kind mit dem Bade auszuschütten, also die literarische Sprache aus dem Theater zu verbannen, nur weil sie irrigerweise als Konvention gilt, als entkäme man dem alten, nun verpönten Theatergeruch dadurch, dass man sie streicht. Wenn sich das Theater deterritorialisiert, muss das eben die Sprache auch machen. Jemand wie René Pollesch zeigt, dass das durchaus möglich ist. Er beschreibt ein Territorium, welches als irre Kompilation von ausgefransten, bewusst schlechten Diskurskopien Unfug treibt und die Ambivalenz des Nicht-Sagbaren, Unterdrückten mit dem Doch-und-trotzdem-Sagen auf der Bühne hochpitcht.

2. Karten

Lesen Sie auch diese Seiten im Netz, auf denen imaginäre Landkarten versammelt sind? Auf denen Privatleute ihre Vorstellungen von der kartographischen Zukunft ins Netz stellen können oder ihre handgezeichneten Weltkarten eines 17. Jahrhunderts, das es so nie gegeben hat? Es gibt sie ja, diese Menschen, die sich Jahreszahlen vorstellen und danach gleich Kontinente. Die sich Straßenverkehrssysteme ausdenken so für sich, für den Hausgebrauch. Die dann klagen: „Ich habe nur Namen für die großen Straßen, für die kleinen fallen mir keine mehr ein. Meine Phantasie reicht nicht aus für dieses oder jenes Stadtviertel, bitte, liebe Netzcommunity, schenkt mir Namen!" Es findet sich auf einer dieser Seiten des Portals www.reddit.com aber auch das Experiment eines Amerikaners, der erst einmal seine Studienkollegen die Weltkarte nachzeichnen ließ, die reale, so aus dem Kopf. Also ohne nochmal nachzusehen.[54] Dies wurde von findigen Journalisten aufgegriffen, es folgte ein Pressewirbel, in dem gemutmaßt wurde, was man aus den kleinen Verschiebungen herauslesen kann, quasi herausinterpretieren. Die kleinen Verschiebungen erwiesen sich als große. Nicht nur die Studienkollegen und Freunde des Amerikaners waren merkwürdig unorientiert, auch wir Deutschen waren ganz schön neben der Kappe, hieß es dann auch schon in der *Welt,* die den Pressewirbel aufgriff und bemerkte, dass Deutsche beteiligt waren.[55] Grenzen waren verdächtig verrutscht, Erdmassen hatten sich verkrümelt, gewisse Kontinente hatten mächtig zugelegt, andere, wie Australien, waren völlig verschwunden, Nähe und Distanz wurde neu geregelt. Kurz: Es geriet jede Menge in Bewegung auf unserem kleinen blauen Planeten, es sah so aus, als müssten Japan, Grönland, Indien verdrängt, China verkleinert, eine künstliche Nähe zwischen Europa und den USA hergestellt werden. In einer weiteren Welle der Berichterstattung wurden sogar Familientherapeuten zu Rate gezogen. Was ist da passiert? Ein schlagendes Beispiel, wie sehr Imaginäres, Fiktives und Reales ineinander verschoben sind, wie sehr Wünsche, Ängste, Hoffnungen in unsere Vorstellungen vom Realen hineinspielen.

Aber was sollen wir auf der Bühne erst machen, wenn wir schon unfähig sind, aus dem Kopf eine Weltkarte auf Papier nachzuzeichnen? Sicher, es ist nicht die primäre Aufgabe des Theaters, Weltkarten zu zeichnen, die unverrutscht sind, sozusagen zu hundert Prozent stimmen, das kann es ja gar nicht. Viel wichtiger ist es, den Verrutschungen und Irrläufen nachzugehen, ihnen zu folgen und sie zur Kenntlichkeit zu entstellen. Das ist gar nicht so einfach. Anfahrtsskizzen helfen, heißt es dann immer, nur wohin?

Was gab es für Wegweiser im Theater? Rimini Protokolls *Call Cutta* war sozusagen eine Art Orientierungsblockbuster der Bühne mit zahlreichen Folgeperformances oder Analogprojekten, die den Stadtraum anders erfahrbar machen und theatralisieren.[56] Wegbeschreibungen, wie sie für Michel-de-Certeau-Leser wichtig sind, finden sich vermutlich nicht direkt in Schimmelpfennigs *Die arabische Nacht* oder Jandls *Aus der Fremde*, schon eher in der dystopischen Endzeithörtheatercollage *Void Story* von Forced Entertainment, aber in allen drei Stücken wimmelt es nur so von Gängen, Wegen und Beschreibungen.[57] Tim Etchells, der Mitgründer von Forced Entertainment, hat dazu noch einen wunderbaren Wegbeschreibungsroman geschrieben, *Broken World*. Hier wird der *walkthrough*, bekannt aus der Computerspielindustrie, romanfähig gemacht.[58] Heiner Müllers *Bildbeschreibung* sprengt einen Bildraum in einen Un-Ort auf.[59] Der Text beschreibt nur scheinbar ein Bild, er macht es vielmehr nachträglich unnachzeichnenbar. Durch die „Bildbeschreibung" entsteht ein schlicht unverfertigbares Bild, das heißt, es gerät in die permanente Verrutschung. Der Pinsel oder Stift, nicht einmal das ist klar, fällt zu Boden.

Am Ende meines Stückes über die *International-* und NGO-Szene *NICHT HIER*[60] löst sich alles in Wegbeschreibungen auf, Ortsbeschreibungen, die Wahrnehmungsräume sind, Konträume, die sich gegenseitig aufheben, die sich gegenseitig konkurrenzieren, unterlaufen. Die Orte berühren sich auf der Bühne, überlagern sich, kämpfen gegeneinander, bilden letztlich Schichten, werden nicht repräsentiert, sondern werden zu etwas anderem.

NICHT HIER oder die kunst zurückzukehren beschreibt die vielfach gemachte Erfahrung, dass eine Rückkehr nach einem Einsatz im Ausland einen größeren Kraftakt darstellt als der Aufbruch, und dass die Deutschlandkarte sich nicht wiederherstellen lässt, hat man sie einmal so drastisch verlassen. Dass man sie selbst im WM-Taumel, der auch in diesem Stück herrscht, nicht mehr wiederfinden kann. „Niemand interessiert sich für meine Erlebnisse in Afrika", ist die immer wieder gemachte Erfahrung der Heimkehrer, ihre Afrikakarte wird sozusagen vom Gegenüber permanent ausgelöscht, und ihr Kampf, sie zu behalten, nimmt immer groteskere Züge an. Er muss scheitern.

Interessanterweise krankte auch das Stück an diesem Problem: Wen interessieren hierzulande *Internationals*, Heimkehrer von NGO-Auslandsaufenthalten, obwohl es zahlreiche gibt? Auch Rainer Merkels Roman *Bo* über Liberia und sein Reportageband *Das Unglück der anderen* hatten damit in der Rezeption zu kämpfen.[61] Hans-Werner Kroesingers Afrika-Stoffe funktionieren in Berlin an Orten wie dem HAU3, also einem eher kleineren Theatersaal.[62] Wir tun uns nicht leicht mit den Weltkarten. Und noch weniger leicht mit den Zusammenhängen auf ihnen. Man kann nicht sagen, ich hätte es nicht versucht.

Vielleicht muss man die Wegbeschreibungen radikalisieren? Sie dermaßen in den Vordergrund rücken? Ein Stück, in dem hauptsächlich Wege beschrieben werden von Menschen, als wären sie danach gefragt worden, stelle ich mir vor. Na, was heißt, als wären sie gefragt worden – gefragt/ungefragt, das muss offenbleiben. Es könnten auch unbestellte Wegbeschreibungen sein, es müssen nicht immer gleich Lotsengeschichten ausgeteilt und Navi-Dienstleisterposen eingenommen oder Marschbefehle gegeben werden.

Vielleicht wäre es auch interessant, sich auf der Bühne ein wenig mehr um das Reiseliteraturgenre, das konventionellerweise ein prosaisches ist, zu kümmern? Reise und Bühne, werden Sie sagen, das kann heutzutage nur flüsternd Philippe Quesne zusammenbringen oder ironisch Christoph Marthaler, werden Sie sagen und sich an *Lina Böglis Reise* erinnern, seinen vor Jahren im Wartesaal des Badischen Bahnhofs in Basel uraufgeführten *Abend nach Texten von Lina Bögli*.[63] Oder es findet statt als Migrationsdrama von Ariane Mnouchkine an den Rändern Europas, *Le dernier Caravansérail* im Théâtre du Soleil, hart am Kitsch vorbei und doch immer glaubwürdig gerade aufgrund der extremen Stilisierung, durch Kostüme und Sprechweise, durch eine artifizielle Bühne, die die eindringlichen Erzählungen der Flüchtlinge von ihrer illegalen Tour durch Europa erst Kraft gewinnen ließen.[64] Oder Forced Entertainments schon erwähnte *Void Story*, die die Reise der Comicfiguren durchs Endzeitcomputerspiel nachvollzog, ein Live-Hörspiel für zwei Hauptfiguren und viele Nebenfiguren in Zeichnungen.[65]

Was wäre das für ein Theaterabend: Zahlreiche Menschen auf der Bühne. Einer erklärt uns, wie man in einer Stadt zu einem bestimmten Haus gelangt, der Nächste, wie man an einem bestimmten Haus vorbeikommt, eine andere unterbricht und erläutert, wie man eine Chefetage darin vermeidet, dass man das Haus an sich aber nicht meiden müsse, die Vierte spricht von Kontrollorganen, die sie in diesem Haus in der zweiten Etage gesehen hat, wo genau, und wann sie auftreten, die Fünfte, wie man durch gewisse Gänge im Haus durchkommt, ohne gesehen zu werden.

Oder: Eine erklärt uns, wie man in eine bestimmte Gegend gerät, eine andere, wie man gewisse Straßen in dieser Gegend meiden soll, gewisse Gesichter, die da auftauchen können, Visagen, die Dritte, wie man trotzdem einen Schwarzmarkt findet. Der Vierte erklärt uns, zu welchen Zeiten man den Schwarzmarkt betreten kann, das heißt die Straße, die zum

Schwarzmarkt führt, und mit welchem Schritt man durcheilt, der Fünfte erklärt den Weg wieder nach Hause, denn das sei viel schwieriger, wieder nach draußen zu kommen, zurückzufinden – unverdrossen erklären Nummer eins und zwei parallel weiter, während drei und vier sprechen, fünf unterbricht sich aber immer, wird immer stummer, nachdenklicher, wirkt am Ende desorientiert.

Oder: Vier Menschen auf der Bühne erzählen von ihren Wegen durch einen Flughafen, wie sie von A nach B kommen, bzw. von B nach C und von C nach D. Sie treffen sich bei den Gängen nie. Sie erleben auch die Orte ganz anders, weil es sich um vier sehr unterschiedliche Positionen handelt: Businessreisender, Ballermanntourist, Putzfrau, Polizist oder Abzuschiebender. Ihre Tipps unterscheiden sich, durchkreuzen sich, machen sie mehr und mehr zu Gegenspielern. Sie werden aggressiver im Gestus.

Oder: Ein Mensch erzählt als Prozesslotse, wie man als Privatkläger am besten durch einen Prozess gegen ein großes Unternehmen wie Google oder Amazon durchfindet. Er behandelt sein Thema strikt räumlich. Bindet jegliches Geschehen auf konkrete Räume zurück. In seinem Monolog verfranst er sich grammatikalisch immer mehr, die Rhetoriken werden wüster, komplexer. Es ist ihm irgendwann nicht mehr zu folgen.

Oder: Vier Menschen auf der Bühne haben sich verlaufen. Sie haben unterschiedliche Vorhaben, verstricken sich in ihrem Irrlauf durch einen städtischen Kosmos, der keine Orientierungspunkte mehr bietet. Ist es ein Bürokomplex, eine Shoppingmall oder ein Parkhaus eines Flughafens? Es ist jedenfalls ein Gebäude, stellt sich mehr und mehr heraus, und: Draußen knallt die Sonne. Sie fragen uns nach dem Weg, andauernd wollen sie etwas wissen. Sie erfahren auch etwas, es hilft ihnen aber nicht. Es entmutigt sie. Es macht sie nahezu panisch. Sie beginnen, mit uns zu streiten, sagen uns, dass wir nicht recht haben. Sagen, wir seien auch nicht besser als die blöde Technik. Sie geben aber nicht auf.

Oder: zahlreiche Menschen auf der Bühne, die aus einem Film rauswollen. Sie beschreiben den Weg raus aus der Szenerie, die eine Endzeitszenerie ist. Wie sie da runterkommen? Sie beschreiben den Film beim Verlassen. Wir erkennen sie als unsere Mitzuschauer wieder.

Kommt Ihnen das bekannt vor? Na, dann kommen Sie mal mit!

3. Kollektiv

Die Frage am Ende ist doch: Wie sind wir aus diesen Filmen je wieder herausgekommen oder sitzen wir noch drin? In den Horrorszenarien, den Streifen über kapitalistische oder religiöse Teufelssekten, Insektenschwärme und ihre Kollegen? Gespensterscharen, Erscheinungsanhäufungen, Zombies, die gegen unser schönes Überlebenskollektiv gerichtet sind? Doch ist es überhaupt ein Kollektiv, das da gegen die Bestie antritt, oder ist es bereits zerfallen, zerfasert, hat sich zu Ende individualisiert?

Wir wissen ja gar nicht mehr, was das ist, das Kollektiv. Der Kollektivbegriff ist schillernd, nahezu ausufernd, schwer zu fassen, seine Bedeutung reicht von der gesamtgesellschaftlichen Organisation eines Staates bis hin zum spontanen Kollektiv der Anarchogruppe oder des Flashmobs. Vielleicht taugt der Begriff auch nichts mehr, ist zu schwammig, abgegriffen. Nur noch auf Theaterfestivals taucht er dann und wann auf, dann gibt es ein „Woodstock of Political Thinking"[66] oder die Mannheimer Schillertage. Im letzten Jahr hatten sie dort T-Shirts in Umlauf gebracht, auf denen stand: „Braucht es mich noch?" und: „Bin ich wichtig?" Ja, die Mannheimer Schillertage 2013 hatten das Kollektiv doch noch zum Thema gemacht, natürlich Schiller und das Kollektiv, denn schließlich hat Schiller *Die Räuber* geschrieben, und auch wenn in diesem Stück das Kollektiv sich nicht direkt auf der Bühne abbildet, so tritt es doch zum ersten Mal als imaginäre Größe auf. Schillers Revolten-Begriff zu Beginn eines vermeintlich bürgerlichen Zeitalters hat an deren Ende weitaus mehr mit uns zu tun als der Büchner'sche Revolutionsbegriff oder der Hauptmann'sche Kollektivauftritt der *Weber*.

Aber wen sehen wir da auf der Bühne? Prekär Beschäftigte? Ein Angestelltenvolk? Schüler? Inhaftierte? Ein Arbeiterkollektiv? Ein Gewerkschaftsbund? Sind es *aliens*, *working poor*, gesellschaftlich Übersehene? Und was hat das mit uns zu tun? Sehen wir noch in einen Spiegel, wir, die wir im Theatersaal sitzen? Ist es überhaupt noch ein Theatersaal? Wohl kaum. Alles kann heute zur Spielstätte werden, wissen wir: Pornobars und Fabrikhallen, Schuhgeschäfte und Jugendzentren, Spielhöllen und Plattenbauwohnungen, Erlebnisräume, wohin man sieht. Oder doch Wahrnehmungsräume? So genau ist das nicht zu unterscheiden, ahnen wir, wissen tun wir nur eins: Ein Kollektiv auf der Bühne kann heute nicht mehr repräsentativ sein, also so richtig. Das wäre ein Klischee: ‚Ich steig nicht mit einem Netzwerk in die Kiste, ich habe ein linkes Kollektiv erwartet', hören wir so oder ähnlich andauernd, „Weißt du, als wir zusammen im Bett waren, da bin ich davon ausgegangen, du wärst eine Linke. Du wärst ein linkes Kollektiv. Und jetzt stellt sich heraus, du bist ein Netzwerk",[67] aber das ist Fabian Hinrichs, der immer noch weitermacht, hinten, nach zwei Jahren noch seinen Pollesch-Sound abgibt in *Kill your Darlings! Streets of Berladelphia* – aufgrund des Erfolgs verlängert![68] In Wirklichkeit wird der Kollektivbegriff gerade von den Bühnen gestrichen, es klingt, als wäre es immer schon das Thema der letzten Saison.

Was stets bleibt, ist die Team-Obsession. Wir wissen, für die Herstellung gesellschaftlicher Wirklichkeit sind Teams zuständig, was sonst? Das erzählen uns nicht nur sämtliche Fernsehserien auf diesem Planeten, das wird auch von Recruiting Weekends berichtet, auf denen man sich heute immer mal wieder zu zeigen hat. In schulischen Arbeitsgruppen wird nichts anderes mehr erprobt. Und ich muss zugeben, auch ich hänge seit Jahren mit Begeisterung der Idee einer gemeinschaftlich erzeugten Wirklichkeit an, ob in Unternehmensberatungen, Filmteams, *situation rooms*, Wahlkampfbüros.

Letztere haben mich naturgemäß im vergangenen Jahr beschäftigt, ich entdeckte ganz plötzlich das Genre der Wahlkampfliteratur und des Wahlkampffilmes. Es ist symptomatisch, wie sich Nils Minkmars *Der Zirkus*, sein Bericht vom vergeblichen Wahlkampf Peer Steinbrücks, von Yasmina Rezas Begleitung von Nicolas Sarkozy 2007 unterscheidet, und wie beides wiederum meilenweit von Günter Grass' *Tagebuch einer Schnecke* entfernt ist.[69] Der lange Weg von der Basisgruppe zum charismatischen Führer und zurück zum Technokratenwahlkampf eines Teams, das beinahe auf den Kandidaten verzichten kann, verrät viel über das politische System. Und so hat der Film *The War Room* (1993) von Chris Hegedus und Donn Alan Pennebaker nur sehr entfernt mit Giscard d'Estaings Wahlkampf in *1974, une partie de campagne* (1974/2002) von Raymond Depardon zu tun und lässt sich auch nur schwer mit der Reportage von Tobias Moorstedt über den Obama-Wahlkampf im Sammelband *Big Data* vergleichen.[70] Wahlkampfberichte zeigen aber auch deutlich die veränderte Vorstellung vom gemeinschaftlichen Handeln, das im Spannungsfeld von charismatischer Führungspersönlichkeit und ihren Zuträgern, Emergency Teams im Vordergrund und der Basisgruppe im Hintergrund, ausgetragen wird. Natürlich geht es auch hier um Selbstdarstellung, um das Generieren von Bedeutung. Es geht um die Repräsentation des Politischen und ihre Krise in postdemokratischen Zeiten. Dabei sind es die Auftritte, die zählen. Theatrale Vorgänge, die manchmal sehr untheatralisch zustande kommen, technisch, über *social media* und Medienberichterstattungen.

Auf eine ganz andere Weise symptomatisch ist der Film *The Ides of March* (2011) von George Clooney, der im Grunde aus dem amerikanischen Präsidentschaftswahlkampf ein Shakespeare'sches Königsdrama macht, mit den üblich verteilten Positionen, die nur scheinbar ein Team ergeben und sich im Hintergrund in Intrigen verwickeln. Diese sind gar nicht so realistisch, wie sie auf den ersten Blick scheinen. Natürlich wird es Intrigen und Interessenskämpfe geben, aber sind sie alleine repräsentativ für das Geschehen in einem Wahlkampf? Treffen sie den wunden Punkt? Nicht der Plot fasziniert, sondern Szenen wie die, in der der Präsidentschaftskandidat seinen Mitarbeiter fragt: „Sind Sie immer noch Single?" Und dann die Antwort bekommt, „Nein, Sir, ich bin mit dem Wahlkampf verheiratet!" Eine Minute später fragt er im selben Raum den anderen Mitarbeiter: „Sind Sie noch Single?", um dann noch einmal die Antwort zu bekommen, wie verheiratet auch der andere Mitarbeiter mit dem Wahlkampf ist. Dieser durch eine für Hollywood untypische Redundanz gekennzeichneter (und so durch erstaunliche Ineffizienz bestimmter) absurder Dialog trägt mehr Realismus in sich als sämtliche Interessenkonflikte im Hintergrund.

Sie werden sagen, wie gut, wenn man mit dem Wahlkampf verheiratet sein kann, denn dann ist man noch irgendwie dran an einer großen oder halbgroßen Sache, für die es sich zu kämpfen lohnt. Und ich gebe ihnen recht.

Wahlkampfteams, Redaktionskonferenzen, Meetings, Hinterzimmergespräche, Arbeitsebenen in Großkonzernen, das sind die mythischen Räume unserer Gegenwart. Orte der gesellschaftlichen Produktion, zumindest eines gewissen Teils, klar, besonders symbolisch aufgeladen. Evident ist, dass ich als Schriftstellereinzelfigur unbedingt dabei sein möchte, nicht so sehr bei den Putzkolonnen, den Postdienstleistern oder Discountmitarbeitern, die ja ebenfalls Orte der gesellschaftlichen Produktion darstellen, nur nicht mehr zu sehen sind. Klar ist, ich selbst bin immer nur die Einzelne. (Andere Kunstschaffende nennen sich prekarisiert oder Medienprekariat und meinen, sie hätten das Kollektiv dadurch wieder hereingeholt. Aber das ist ein Irrtum, das Kollektiv gibt es ohnehin nur noch abstrakt oder sehr vermittelt.) Ich muss sie unbedingt sprechen, diese Teams, ich muss hinein in diese Sitzungsräume, in ihre Selbstdarstellungsriten, ihre Briefings und Debriefings, beim Mittagstisch, beim Morgenmeeting, beim Nachmittagsmeeting, beim Abendmeeting, dorthin, wo etwas entschieden wird, wo etwas geschieht.

Ich muss sie einsaugen, die Teamatmosphäre, als hätte sie noch etwas von der vom Soziologen Richard Sennett beschworenen Kooperationsfähigkeit.[71] Zusammenarbeit ist das schönste Märchen unserer Gesellschaft. Da hat er durchaus recht. Es wird heftig und häufig erzählt. Und gerade das Theater ist ein Ort, an dem man sich dieses Märchen gut und gerne erzählen kann, und wo man gerade deswegen die Bodenhaftung etwas verliert. Der Kitsch der Gruppe auf der Bühne ist sehr verbreitet.

Denn ansonsten gibt es ja seit dreißig Jahren nur noch Individuen und ihre Familien, wie wir von Margaret Thatcher wissen. „There is no alternative", hat sie ihre Politik genannt, oder war das nicht eben Angela Merkel? (Wie kann man eine Politik so nennen?) Heute sehen wir eine zu Ende individualisierte Gesellschaft mit narzisstischen Störungen und Depressionen. Wir sehen den Arbeitskraftunternehmer, das unternehmerische und erschöpfte Selbst. Die Alleinverantwortlichen und Alleingelassenen bleiben unter sich. Man sagt, es wäre eine Demokratie, in der wir organisiert seien. Aber stimmt das auch? Eine immer größere Anzahl an Menschen bezweifelt das. Eine immer größere Anzahl von Menschen schert sich einen Dreck darum. Eine immer größere Anzahl von Menschen weiß kurz vor den Bundestagswahlen nicht, wen sie wählen soll. Und was dann? „Dann", so vor Kurzem ein Freund, „suchen sie sich das passende Entscheidungstool im Netz dazu – den Wahl-O-Mat –, der entscheidet für mich, welche Partei am besten passt." Doch was solle er dazu sagen, so der Freund, dass er laut Wahl-O-Mat vierzig Prozent Übereinstimmung mit der NPD hat, wo er doch null Prozent mit denen übereinstimmt und auch null Prozent Übereinstimmung mit ihnen will? Schon naht, Sie werden es ahnen, passend zu unseren Zeiten, die narzisstische Krise.

Ebenfalls sprechend ist die Tatsache, dass vor der letzten Bundestagswahl die Nichtwähler eine eigene Talkshowsendung bekamen. Und zu allem Überfluss wurden in einem Frauennetzwerk Expertinnen dafür gesucht, damit die Genderfrage nicht außen vor bleibt. Man stelle sich vor: Expertinnen fürs Nichtwählen als Sieg des Feminismus! Und man fand sie auch prompt innerhalb eines Tages – Gott sei dank, hieß es im Forum. Aber immerhin gibt es das *Jahrbuch für direkte Demokratie*,[72] es gibt Colin Crouch mit seiner *Postdemokratie*,[73] Jacques Rancière, der den Begriff eigentlich geprägt hat,[74] und Chantal Mouffe und Oliver Marchart mit ihrer Flut an Publikationen und Konferenzen. Und es gibt Ingolfur Blühdorn, ein Name wie von dem amerikanischen *Pulphead*-Journalisten John Jeremiah Sullivan ausgedacht. Ingolfur Blühdorn beschreibt in seinem *Postdemokratie*-Band in der edition suhrkamp[75] die demokratische Krise wie folgt: Repräsentations-, Legitimations- und Partizipationskrise der Demokratie führten dazu, dass sich die Politik in einer „permanenten Notstandslage, einem andauernden Verteidigungsfall"[76] befände. Wie die anderen, versucht auch Blühdorn zu erklären, was die Entpolitisierung in der Bevölkerung und der rasante Umbau oder gar Abbau traditioneller demokratischer Institutionen bedeutet, wie die heftige Neuordnung von aktiver Teilnahme und passivem Rückzug vonstattengeht. Oder schlüssig zu beschreiben, warum die Regierung zunehmend von Technokraten erledigt wird, die den Anschein von Themenwahlkämpfen nur noch mit Hilfe von PR-Agenturen zusammenbringen und eine müde politische Spektakelkultur in Gang setzen, eben Futter für die Medien. Und ja: Die Schreibtische der Lobbyisten sind lang, sie führen durch ganze Ministerien hindurch, sie gehen an ICE-Strecken entlang bis nach Brüssel und über Brüssel hinaus! Aus welchem Holz sie geschnitzt sind, ahnen wir langsam. Dieses Holz wächst jedenfalls weiter, es wächst hinein in die dicke Luft des ‚(post-) demokratischen Paradoxes‘, dem wir derzeit unterliegen.

Denn die andere Seite der Medaille ist das verstärkte Engagement in NGOs, Bürgerinitiativen und Vereinen. Das Modell des Lobbyismus wird kopiert und auch von den Gegnern der Unternehmensfront bedient. Gleichzeitig wird beklagt, dass demokratische Umsetzungsformen politischer Positionen verschwinden. Ingolfur Blühdorn erläutert diesen Prozess als einen, der in der Gleichzeitigkeit von politischer Desillusion und wachsender Radikalisierung der Demokratieerwartung besteht. Wir leben in einem ständigen Konflikt zwischen demokratischen Idealen (Freiheit, Gleichheit, Solidarität, die in sich schon konfliktträchtig sind) und ihrer schwächer werdenden Umsetzung:

> Zeitaufwendige und kompromissorientierte Verhandlungsverfahren widersprechen dem Gebot der Schnelligkeit [...]. Je höher der Druck wird, persönliche Ressourcenvorteile voll auszunutzen, desto mehr scheinen nichtdemokratische Verfahren als allein zielführend. [...] Die Politik muss die Bürger gleichzeitig einschließen und ausschließen; die Bürger zeigen gleichzeitig demokratische und antidemokratische Wertorientierungen.[77]

Wollen wir weitergraben? Wirklich? Vermutlich wäre unserer analytischen Absicht mit einer marxistischen Kritik der politischen Ökonomie geholfen, die gilt aber nicht mehr als zeitgemäß und ist insofern diskurstechnisch schwer. Beim Diskurstheater etwas zu beschwören, was schlicht nicht mehr im Diskurs ist, ist ein heikles Unterfangen. Oder gibt es etwa wirklich ein Marx-Revival? Mit Žižek, Badiou und Konsorten? Wirklich? Demokratie ist die etwas blecherne Münze, mit der heute im Diskurs bezahlt wird, blechern, weil der Diskurs darüber gleichzeitig wie in Beton gegossen scheint: Demokratie vs. Autokratie, Tyrannis, souveräner Bürger und Zivilgesellschaft vs. herrschende Elite.[78] In meiner Beschäftigung mit Fluglärmgegnern, Blockupy-Aktivisten, die andauernd das Argument „Demokratie" hervorbrachten, fast so, als würden sie „Sozialismus" unbedingt vermeiden wollen, tauchte die Vokabel „Marxismus" nur am Rande auf, was an dem bürgerlichen Hintergrund der Protestler gelegen haben mag.

Warum erzähle ich Ihnen das alles? Weil es diese Auseinandersetzung braucht, um ein vernünftiges Stück zu schreiben, das etwas von dem erzählen kann, was vor sich geht. Realismus speist sich, das wissen wir schon von Brecht, nicht mehr aus der Abbildung dessen, was ist – das Beispiel bei Brecht war die Fotografie eines Fabrikgebäudes, die nichts über dessen Funktion erzählen kann[79] –; man muss das Funktionieren verstehen, und dies kann heute nicht mehr nur mit einem einzelnen theoretischen Ansatz erklärt werden. Die Intendanten wissen das und freuen sich über ihre Festivals, die immer einen ganzen Blumenstrauß an Sichtweisen liefern. Sie freuen sich auch über Abende mit Widerstandspotential, nicht nur, weil sie wissen, das zieht Publikum, es liefert auch Sinn.

4. Revolte

Also wieder ein Gespräch zu „Revolte", sagte ich mir an jenem Tag im März, wieder eine Vorbereitung quer durch Schriften wie *Empört euch!* von Stéphane Hessel, *Der kommende Aufstand* von „tiquun", dem unsichtbaren Komitee.[80] Wieder ein Podiumsgespräch mit revolutionsgesättigten Autoren, diesmal mit der französischen Dramatikerin Mariette Navarro, dem „Vögelchen der Revolution", wie ihr Blogtitel heißt.[81] Ihr Theaterstück *Wir Wellen* lässt ein „wir" zu Wort kommen, ein Kollektiv, das in Erscheinung tritt und dann immer mehr verschwindet, bis ein Paar und letztlich nur ein verlassenes Individuum übrigbleibt.[82] Sie habe den Weg einmal umgekehrt gehen wollen, erzählt sie, normalerweise ginge die Geschichte ja andersrum. Nachdem ich mit Alexander Karschnia von der andcompany&Co. bei den letzten Schillertagen in Mannheim schon den „kommenden Aufstand" thematisieren konnte,[83] bei dem Münchner Akademietag im Prinzregententheater im Frühjahr 2013[84] Einblicke in Volker Löschs Arbeiten zu Occupy und Stuttgart 21 bekommen habe,[85] scheint es mir offensichtlich, dass derzeit heftigst nach Kollektiven und Revolten gesucht wird,[86] ja, nahezu eine Romantisierung der Revolte in den unterschiedlichsten Projekten stattfindet. Ich ahne, auch an diesem Abend wird vom Publikum zumindest ein symbolischer Aufstand verlangt werden. Wer zu diesem Thema spricht, sollte die Revolte vertreten, sie als positive, ja zu erwartende Reaktion der Bevölkerung auf die derzeitige politische Realität zeichnen. Ich kann allerdings nicht leichtfertig darüber öffentlich nachdenken, als wäre dies ein Spaziergang, denn genau dieses Bild kommt mir bei solchen Veranstaltungen. Das Blutvergießen der sogenannten Jugendrevolte in Algerien, dessen Anfänge ich 1989 in Algier erlebt habe, das Blutvergießen in diesem Jahr in der Ukraine lassen mich deutlich sagen: Revolte ist nichts, wo ich meine Kinder zum Spielen hinschicken würde, es ist ein notwendiger Widerstand, der die schiere Präsenz der Körper verlangt wie am Majdan in diesem und im letzten Jahr, aber nicht aus romantischen Gründen. Sicher, aufgeregt lauschte auch ich bei einer Eisenbahnfahrt Ende März anlässlich der Rauriser Literaturtage durch die österreichischen Alpen den Erzählungen der ukrainischen Autorin und Journalistin Tanja Maljartschuk, die mit den Nächten des Widerstands begannen, den manchmal wenigen schaukelnden Körpern am Platz weitermachten, bis man Tanjas mitschaukelnden Kollegen Jurij Andruchowytsch vor Augen bekam. Neben ihm habe eben ein befreundeter Philosoph ein Sokrates-Zitat von sich gegeben, erzählt Tanja, dann habe man Jurij ein Mikrofon unter die Nase gehalten. Er aber habe nur lakonisch gerufen: „Kommt alle sofort auf den Platz, sonst können wir in diesem Land nicht mehr leben!" Und schon seien statt 3000 Menschen morgens um 3 Uhr 30 000 Menschen dagewesen. Erzählte Tanja Maljartschuk. Und wir fuhren mit der Eisenbahn durch die Alpen, hörten ihr voll Anteilnahme zu, bewunderten die Wirkung einer Autorenaktion gleichermaßen wie das Echte ihrer Worte und stiegen dann wieder aus.

An jenem Abend mit Mariette Navarro, wusste ich, würde das Publikum erst einmal hören wollen: „Nieder mit dem Neoliberalismus!" Es würde recht haben, und gleichzeitig würde es mir so gratis zu haben vorkommen, dadurch, dass es allgemein bliebe. Ich wusste, es würde nach Parolen riechen, und nichts mögen wir Autoren und Autorinnen weniger als Parolen. Sie bleiben unspezifisch. Das Spezifische nachzuliefern gehöre doch zu meinen Aufgaben, werden sie sagen, aber erstmal die Losung! Ich bin aber nicht die Person, die Losungen von sich gibt und gleichzeitig eine Autorenposition einnimmt, zumindest nicht in Podiumssituationen, vielleicht mag das eine Schwäche sein, vielleicht ist es nur ein Festhalten, ein Verteidigen meiner eigenen reflektierenden, kritischen Interessen, vielleicht bin ich einfach nur überfordert.

Aber noch sind wir nicht so weit, noch bin ich ja dabei, mich auf das Podiumsgespräch mit Mariette Navarro erstmal vorzubereiten: Das Manifest *Der kommende Aufstand* liest sich jedenfalls furios. Ein Plan der Revolte, ein Genug-ist-Genug. Nicht mehr aufschieben, warten, handeln! Steht da. Nicht mehr das System verbessern, ihm zuarbeiten, handeln! Das System: Ja, das gibt es wieder, es ist auferstanden. Kein Wunder bei seiner starken Interessenvertretung in der Europäischen Kommission und den Regierungen, dem IWF und der Weltbank. Also: Widerstand setzen, sich wehren. Kein „Empört euch!", schreiben sie, bloß nicht, hier werden Fakten gesetzt. Ein Text zu den Aufständen, wirkungsmächtig könnte er sein, war es wohl auch in Frankreich. In Deutschland ist der Text nur halb angekommen, hauptsächlich im Feuilleton und dann im Kulturbetrieb. Von einem vagen Kollektiv geschrieben fürs vage Kollektiv. Ein merkwürdiger Transfer, der nicht ganz gelingt. Denn wenn in dem Manifest abfällig die Rede von sechzig Jahren demokratischer Anästhesie ist, gibt es Übertragungsprobleme nach Deutschland. Auf deutschem Hintergrund lässt *Der kommende Aufstand* mit seiner martialischen Sprache immer mal wieder Oswald Spengler durchschimmern mit den ganzen uralten kulturpessimistischen Topoi:[87] Kultur gegen Zivilisation, Geldbeziehung gegen menschliche Beziehung, Stadt, das heißt die Metropolen, gegen das Land, das heißt in diesem Fall: die Banlieue. Das alles taucht plötzlich im neuen Gewand auf. Es ist nicht so einfach mit dem Widerstand, er ist eben nicht automatisch links, wie der Kulturbetrieb zu hoffen scheint.

Aber immerhin hat das Thema „Revolte" Eingang gefunden ins Theater, dort sitzt es schon für einige Spielzeiten, von den Festivals ging es in die großen Stadttheater, von den großen Stadttheatern in die kleinen und dann in die Provinzbühnen. Und doch, wenn „Kollektiv" stets das Schlagwort der letzten Saison zu sein scheint, dann klingt „Revolte" erst recht nach der vorletzten. Es bleibt oft merkwürdig abstrakt.

Auch in Mariette Navarros Theaterstück *Wir Wellen* erscheint das revoltierende Kollektiv mehr als Metapher. So poetisch der Text ist, so sehr steht er auch für dies Problem: In der Abstraktion wird politisch harmlos, was das Manifest *Der kommende Aufstand* dann doch noch sehr konkret beschreibt. Es gibt ja kein allgemeines „Wir", das zu einer „Welle" wird, der einzige Referenztext, der mir dazu einfällt, ist *Die Welle*, ein Text, der eher eine Faschisierung unter Jugendlichen beschreibt.[88] Dennoch bleibt der Text faszinierend, weil er so konkret körperlich ist, so dezidiert in seiner Sprache, er will weniger die politische Revolte positionieren, als sich die Frage nach dem Kollektiv stellen.

Bei den anderen theatralen Thematisierungen von Bewegungen wie Occupy, den Indignados, den Empörten oder gar nur den Wutbürgern, finden wir hauptsächlich die Wiedergänger des verloren gegangenen Gemeinschaftsgefühls. Die oft erwähnten 99 Prozent schrumpfen auf das Grüppchen, das sich mehr spüren möchte im Leben und mehr direkte Teilhabe an demokratischen Prozessen verlangt. Nicht die großen Institutionen werden thematisiert, sondern es wird theatral mehr an einem „Wir-Gefühl" gearbeitet, und manchmal kommt einem der Inhalt des Wir so sehr abhanden, dass gleich die Blickachse gedreht wird und der Blick zurückgelenkt wird aufs Publikum: *WE* (nadaproductions bei den Mannheimer Schillertagen 2013) oder *Audience* (Ontroerend Goed bei den Wiener Festwochen 2013) oder *Who's there* (Monster Truck, Leipzig im Herbst 2013). Und plötzlich sitzt das Publikum gleich zweimal da. Einmal als Zuschauer und einmal als Ansammlung von Akteuren, da braucht es nicht nur keinen Text, sondern manchmal auch keine Schauspieler mehr, aber das gehört ja meist zusammen. Man kann sich als Publikum immerhin noch als Pseudokollektiv erfahren, schließlich sitzt man gemeinsam in einem Raum.

Aber man ist eben noch kein richtiges Kollektiv, „da fehlt doch was", würde René Pollesch mit der Stimme von Fabian Hinrichs hinzufügen,[89] möglicherweise Inhalte, die auf der Bühne flöten gehen, radikaler Contentverlust im Eventroom. Da hilft auch die Unterscheidung Eltern/Nicht-Eltern nicht mehr, um ein Elternkollektiv auszumachen. Auch Krebskranke und Noch-Nichtkrebskranke ergeben keine antagonistischen Kollektivgruppen. Oder Patienten und Nicht-Patienten. Auch jenes Grüppchen der Raucher in ihrer Raucherzelle auf dem Flughafen gibt kein Kollektiv ab. Man kann sie ruhig dort stehen lassen, klein, nebulös und allenfalls biopolitisch interessant. Ja, mit gutem Recht kann man die Vermutung aufstellen, Kollektive würden heute biopolitisch aufgestellt.

„Also wieder einen Abend auf der Suche nach der Revolte und dem Kollektiv verbracht, und beides nicht wirklich gefunden!", sage ich mir auch nach dem Abend mit Mariette Navarro, denn schon war er vorbei, schon bewegte ich mich durch die Nacht nach Hause, umgeben von lauter Individuen. *Wir irren des Nachts im Kreis umher und werden vom Feuer verzehrt* – nein, es sieht nicht gerade so aus, wie der Film von Guy Debord, vielleicht der prominenteste der Situationisten, hieß.[90] Nur Individuen, Individuen, Individuen! Immer mehr Individuen kreuzen ja tatsächlich auf, immer schwerer fiele es, hatte mir im Januar Valter Malosti erzählt, der Direktor des Teatro Stabile aus Turin. Er ist auch Leiter der dortigen Schauspielschule und erlebt einen Wandel bei den Schauspielern. Es fiele den jüngeren Schauspielgenerationen beispielsweise schwer, sich überhaupt mit irgendetwas zu identifizieren, erzählte er.

„Nicht einmal mit Fußballvereinen oder Facebookgruppen?" – „Nicht einmal damit." Es sieht so aus, als sei unsere Gesellschaft zu Ende individualisiert.

Man könnte jetzt sagen, das Theater mit seiner Kollektivseligkeit ist eben unrealistisch, und doch spiegelt es einen Aspekt der gesellschaftlichen Realität wieder. Die Sehnsucht nach Vergemeinschaftung, nach direkter Partizipation, nach überschaubaren Regulierungsvorgängen steht eben neben der Frustration über die großen demokratischen Institutionen, der Resignation über die hohe Komplexität des Systems und der geringen Einflussmöglichkeit, neben der Wut über die ungerechte Umverteilung, die Verbindung der Politik mit den großen Konzernen, ihre Abhängigkeit von den Finanzmärkten. Ist nicht der „Demonstrant" die Person des Jahres 2011 des *Time Magazine* gewesen? Werden nicht die Proteste als kraftvolle Bewegung gefeiert, „als ein Sturm, der erst noch im Heraufziehen ist"?[91] Vergleiche mit '68 werden allzu rasch gezogen, der Wutbürger zeigt seine politische Ernüchterung, Demokratie steht hoch im Kurs, während ihr gleichzeitig misstraut wird. Und wir landen wieder bei dem demokratischen Paradox von Ingolfur Blühdorn, bei dem wir auszogen, das Fürchten nicht zu verlernen.

Ich kann aber an keinem Wir-Gefühl arbeiten, denke ich mir, wie ich so von der Veranstaltung mit Mariette Navarro durchs nächtliche Berlin nach Hause gehe. Es zerbröselt mir regelmäßig. Mich interessiert mehr das Auseinanderfallen, diesbezüglich treffe ich mich mit der französischen Dramatikerin. Aber was ist das für eine Erzählung, die ich liefere? Reiner Kulturpessimismus? Und was ist umgekehrt das „Wir", an dem Angela Merkel und die Deutschland-AG arbeiten? Ist es das „Wir", das in dem Satz steckt, der mir eben von Seiten des Publikums entgegengeschleudert wurde: „Sie tun ja so, als ob *wir* keine Probleme hätten!" Wer ist dieses vage Wir, das wir dauernd im Mund herumführen, und das nur von dem „man" übertroffen wird, das man Kindern entgegenstreckt, um sie vermeintlich zu erziehen? Wird es erzeugt von den globalen Problemen, die uns alle anscheinend gleichermaßen betreffen? Wohl eher nicht, sonst gäbe es vermutlich stärkere Handlungsbereitschaft. Ist es wirklich nur Uneinsichtigkeit und Dummheit, die diese Handlungsbereitschaft verhindern?

Welchen Chor gibt dieses Wir ab, gibt es überhaupt einen Chor ab, oder ein Nebeneinander von Einzelstimmen, die verzweifelt versuchen, sich selbst darzustellen, eine persönliche Referenz aufzubauen? Die sich erklären müssen, andauernd erklären, um zu beweisen, dass es sie noch gibt. Ist es theatral darstellbar, fassbar?

Ich möchte es genauer wissen, denn auf das vage „Wir" falle ich nur allzu gerne herein. Der Schriftsteller Peter Waterhouse hat mich in einem Essayprojekt ebenfalls zum Thema „Sehnsucht und Revolte" in der Alten Schmiede in Wien (2013/14) kürzlich auf eine Stelle aus Kafkas *Hochzeitsvorbereitungen auf dem Lande* hingewiesen, eine Wir-Ich-Stelle sozusagen, ein Wir-Ich-Kniebruch, den ich in meiner alten Ausgabe ebenfalls unterstrichen finde: „Und solange Du ‚man' sagst an Stelle von ‚ich', ist es nichts und man kann diese Geschichte aufsagen, sobald Du aber Dir eingestehst, daß Du selbst es bist, dann wirst Du förmlich durchbohrt und bist entsetzt."[92] Doch weiter heißt es: „Wenn ich aber selbst unterscheide zwischen ‚man' und ‚ich', wie darf ich mich dann über die andern beklagen."[93] Theater ist keine Prosa, und das Ich ist nur im Monolog enthalten. Aber was ist mit dem Subjekt passiert, das angeblich nach Kant so aufgeklärt wie autonom und für die Demokratie konstitutiv ist? Schon Adorno und Horkheimer haben es in ihrer *Dialektik der Aufklärung* als kritische Instanz teilverabschiedet. Das Subjekt und die Demokratie sind jedenfalls untrennbar miteinander verbunden, eine heikle Konstruktion.

In liquiden spätkapitalistischen Demokratien sind es flexible Subjekte, dynamisierte und fragmentierte, die unsere *role models* darstellen. Inszenierung und „Vernetzung", „Mobilität", „Multitasking" und „Virtualisierung" sind Idealbegriffe unserer Zeit, die keinen Rahmen mehr für die alten Vorstellungen vom identitären Subjekt abgeben.[94] Der flexible Mensch von Sennett ist nicht mehr das cartesianische Subjekt von ehedem, die demokratischen Institutionen können ihn immer schlechter abbilden.[95] Er ist „bowling alone", wie der amerikanische Soziologe Robert Putnam das vor über zehn Jahren für die USA feststellte.[96] Und dennoch leben wir immer noch in Zeiten, in denen Subjektkonzepte parallel nebeneinander bestehen, und so muss ich mich immer wieder von Neuem fragen, wie ich im Theater darauf reagieren kann.

Meine Figuren sind paradoxe Kollektive, Teams, die eher Nichtteams sind, die eigentlich immer gegeneinander arbeiten, die kein Produkt herstellen, sondern da sind, um sich zu rechtfertigen, die den anderen immer eher ausstechen wollen. Na, vielleicht müssen sie etwas herauskriegen. Herauskriegen, ob Hunde draußen sind. Ob man schon wieder rausgehen kann. Ob da noch etwas kommt. Was man hört. Ob man vielleicht doch eingreifen muss. Ob die jetzt fertig sind mit ihrer Arbeit, die da draußen mit ihrem Gebrülle.

Es sind Gruppen, die bewerten. Ob ein Opfer wirklich den Opferstatus verdient. Ob man Daumen rauf machen soll oder runter, wenn einer strauchelt, wenn einer hinfällt, Gruppen, die bewerten, was ganz und gar nicht an der Eigentumsordnung rüttelt, die jetzt herrscht, sondern sie eher befestigt. (Mit einzelnen Ausnahmen: Erwähnt sein sollte das Berliner Tempelhofer Feld und wie es bleibt, weil die Bürger der Stadt doch einmal gegen die Berliner Baumafia ihre Stimmen erhoben haben.)[97] Es sind die Menschen aus dem Personenkarussell der Regulierungstruppen. Der rasende Erfolg eines Films wie *Die Tribute von Panem* (2012/13) erzählt mehr über unsere Welt, als wir zugeben wollen.

Aber wenn diese Individualisierungsmaschine eine Raummaschine ist, welche Räume werden von ihr entworfen? Welche gnadenlose Stadtautobahn ist es, auf der wir uns alle langsam vorwärtsbewegen oder gar stehen bleiben, weil Stadtautobahnen heute mehr zum Stehenbleiben da sind und zum Wundern? Blicken wir, wie in jenem Film von Federico Fellini, immer noch in die Autos hinein, an denen wir langsam vorbeigehen?[98] Wird noch immer von einem Auto zum nächsten erzählt wie in der Mastererzählung des ausgehenden 20. Jahrhunderts? Als man Menschen in ihren Autos zuguckte, wie sie mit sich selber sprachen, wie sie in der Nase bohrten, telefonierten, wie sie Generalauftritte probten? Oder achten wir nur noch auf unsere Handys, die uns über unsere Leistung beim Gehen erzählen, über unseren Puls und Blutzucker oder über unser Interesse, das wir jetzt entwickeln könnten an den Attraktionen der Umwelt, die wir aber permanent übersehen, weil wir immer neue Angebote übers Internet reinbekommen? Welche Schlafstädte, *transition towns, liquid geographies* entsprechen uns? Welche Fiktionen können wir in ihnen erzählt bekommen? Sind es nur noch Fiktionen über uns? *Personalized fictions?* Es sind ja mehr und mehr die Fiktionen, die unser Leben bestimmen, magische Erzählungen – mehr Magie als im Mittelalter sei in unserer Mediengesellschaft, so hatte es der Soziologe Lars Clausen einmal mir gegenüber in einem Gespräch ausgedrückt.

Aber: Ob man schon aufhören kann? Ob man was sagen soll. Weil es doch jetzt geboten wäre, etwas zu sagen. Ob man stillhalten soll? Man sollte doch was unternehmen. Also jemand sollte etwas unternehmen. Kann man mal das Licht heller machen, denn bei der Beleuchtung sieht man ja nichts. Kommt uns jemand abholen? Überhaupt: Wer hat jetzt dieses merkwürdige Licht angemacht? Es ist nicht das Richtige, nicht das Richtige!

BLINDE FLECKEN
Kritik und Realismus

1. Politische Ohnmacht und Beifall von falscher Seite

„Un otro mundo es possible", steht gesprayt auf der Brücke in Nord-
lanzarote. Mitten ins Touristennest hineingespuckt. Es wirkt so irreal
im Rahmen der *fake holidays*, dass man meinen könnte, es sei Teil der
touristischen Inszenierung. Denn dass heute jeder Protest sein T-Shirt
hervorbringt, dass die Kritik an der Wachstumsgesellschaft zum Live-
style des jugendlichen Stadtbewohners gehört, zu seiner Selbstinszenie-
rung, die zugleich das neueste iPhone verlangt und gewisser Markenkla-
motten bedarf, ist auch dort bekannt. Und man möchte auf Lanzarote
T-Shirts verkaufen.

Umgekehrt kann man sagen, dass Kritik heute eine gewaltige Sichtbarkeit braucht. Dass eine Mainstreamisierung von kritischen Positionen stattfindet, dass Sichtbarkeit als vorrangiges Kriterium für die
Bedeutung einer kritischen Position gilt. Zeitungen weisen ihre meistge-
lesenen Artikel aus, die dann als Selbstläufer funktionieren, die Quote
diktiert im Fernsehen ohnehin schon jede minimalste geistige Regung,
bis diese erlischt, das Prinzip Flashmob und Twitterfollower durchzieht
auch mehr und mehr die Theaterhäuser. Und manchmal reicht in unserer
Erregungskultur nur der aggressive Spruch, das politisch Unkorrekte,
Grobe, mit dem reaktionär Faschistoiden Flirtende, wie man an dem
Fall Sybille Lewitscharoff und ihrer Dresdner Rede in diesem Frühjahr
sehen kann, um eine maximale Sichtbarkeit zu erzeugen,[99] während daneben andere Autorenpositionen verblassen, die sich über Verteilungs-
gerechtigkeit, das Freihandelsabkommen, Frontex oder Datenschutz
kümmern und politische Initiativen gründen wie z. B. Juli Zeh und Ilja
Trojanow.[100] Diese lösen ein viel geringeres Interesse oder sogar die Ein-
schätzung aus, wohlfeile Positionen würden eingenommen, um die eigene Karriere zu stärken. Die Ohnmacht solcher traditionell linker Positionen steht paradoxerweise direkt neben dem Gefühl, dass man
ohnehin schon weiß, was da gesagt wird. Es ist gleichzeitig allzu bekannt und unsichtbar. Und genauso ergeht es mir, wenn ich von Hans-
Werner Kroesinger höre, er beschäftige sich mit Frontex,[101] oder von
Alexander Karschnia, der sich mit seiner Kompanie auf die Spuren der
Schlepper an der türkisch-griechischen Grenze begibt, um eine Schlepperoper für den steirischen herbst zu kreieren.[102] Ein Gedanke ist: Ihr
macht die erwartbaren Themen zur erwartbaren Zeit. Ihr seid unterwegs

auf dem Sichtbarkeitsmarkt, grast die brisanten Stoffe ab! Was ist denn nun euer zwingendes Interesse daran? Ich möchte rufen: Könnt ihr nicht einmal an etwas dranbleiben, ihr Dokumentartheatermenschen, und nicht gleich zum Nächsten übergehen? Doch wenn ich dann in die Menge greife und den einen oder anderen Theatermenschen am Schlafittchen packen will, erwische ich mich oft genug selbst, das heißt, ich muss mich fragen, ob das bei meinen Stücken von außen auch so aussieht, also themenförmig, brisanzförmig, tagesaktuell – doch wie soll man kritisch sein können, wenn man nicht weiß, was das eigene Interesse ist? Und gleichzeitig würde ich diese Subjektivierungsnummer auch nicht übertreiben wollen, schließlich hängt die Kategorie „persönliche Obsession" auch mit Warenförmigkeiten und politischen Merkwürdigkeiten zusammen. Das kritische Subjekt ist schließlich historisch mit der Genese eines Bürgertums verbunden, das vor allem heute von der herrschenden Finanzoligarchie an der Nase herum und ad absurdum geführt wird. Also: Aus welcher Position reflektiert ihr das? Früher hätte man anders gefragt: Welchen Klassenstandpunkt nehmt ihr ein? Und schon wird einem schwindlig, wenn man nicht Slavoj Žižek heißt oder Alain Badiou mit ihren Kommunismusrückrufaktionen, nein, falsch, mit ihren Kommunismusanrufungsaktionen. Aber im Grunde erlebt man heute statt eines Klassenstandpunkts in der Kunst ein bloßes Posing, ob Krypto-Anarcho oder Linksfaschist, Neostalinist, bzw. es würde auch eine ernstgemeinte Stellungnahme nur noch so verstanden werden, selbst wenn sie von Milo Rau kommt, der diese Zuschreibungsmechanik selbst reflektiert.[103] Es ist nicht so einfach mit der Kritik. Auf was kann sich ein kritisches ästhetisches System noch berufen?

Manchmal erzählt die Wahl der ästhetischen Mittel mehr über das subjektive Bedürfnis, kritisch zu sein, als über das tatsächliche Potential dieser Mittel. Ja, unter den zahlreichen Formen kritischer Äußerung, die auf der Stelle treten, gibt es regelrechte Zootiere: Z. B. spiegelt sich die Selbstverliebtheit der Occupy-Aktivisten, die ein theatrales Mittel wie das *human microphone* verwenden, in der Selbstverliebtheit der Theatermacher, die eben dieses Mittel euphorisch als Fundstück aus dem Realen aufgreifen, mit dem sie beweisen können, dass Theater doch noch eine kritische gesellschaftliche Praxis ist. Das *human microphone* machte seine Reise durch die letzten beiden Theaterjahre, sowohl auf den Bühnen als auch auf den Podien, als wäre es ein Wiedergänger einer vergangenen Zeit, in der man angeblich in Fragen der Politik und Ästhetik auf nicht so verlorenem Posten stand. Ausgerechnet dieses *human microphone*, das eher als Zeichen politischer Ohnmacht gelten muss, als einsamer verlassener moralischer Zeigefinger in einem gesellschaftlichen Kontext, der neben der rasanten Abschaffung der Arten einzig die rasante Abschaffung aller linken politischen Errungenschaften der letzten 200 Jahre aufzuweisen hat.

Und dann gibt es die schon erwähnten Abende, an denen rest- oder postbürgerliches Zielpublikum nach dem Abklatschen des Kapitalismus verlangt, um wie nach der Sonntagspredigt gar nicht so rest- oder postbefreit nach Hause gehen zu können. Träume von Revolten werden öffentlich bekanntgegeben, der Arabische Frühling beschworen, als wüsste irgendjemand im Saal, wie genau „das" einzuordnen ist, was „da unten" geschieht oder „da drüben", wie man es nimmt, bzw. als würde das weitaufgefächerte Geschehen wirklich unter ein Label passen. Revolution ist eine langgepflegte deutsche Feuilletontradition. Jenseits davon verhält es sich meist ganz schön anders. Nicht, dass sich derzeit nichts tut, nicht, dass der Widerstand nicht sichtbar wäre. Bürgerinitiativen, Demonstrationen, Besetzungen von Häusern und Straßenzügen, politische Flashmobs zeichnen ein Bild einer aufkommenden Protestkultur, wie heute gerne gesagt wird, wobei genau dieser Begriff schon wieder heikel ist. Man sagt ja im gängigen Sprachgebrauch auch nicht Wirtschaftskultur. In etwa: „Die Wirtschaftskultur unserer Tage misst mit zweierlei Maß. Das Recht darauf, Privateigentum zu schützen, betrifft nur Großkonzerne und Banken, der einzelne Bürger kann ruhig enteignet werden." Oder: „Die antidemokratische Umverteilung der Ressourcen nach oben als Folge der Finanzkrise 2008 entspricht eben unserer Wirtschaftskultur."

Ein wenig mehr Protest ohne Kulturweichmacher wäre manchmal notwendig. Wie oft kriegen wir eins in die Fresse und tun so, als ob nichts wäre. Ein übliches Verfahren, hören wir beispielsweise aus so mancher Fernsehdiskussion über die Pläne der *big player*: Es sei manchmal eben notwendig, dass Menschen enteignet würden. Für das Allgemeinwohl. Oder für das Florieren der Wirtschaft. Und: dass es kein besseres System gebe. Oder hat einer eines gefunden? Na eben. Es sei notwendig, damit die Wirtschaft wachse, dass beispielsweise einzelne Staaten nichts mehr juristisch machen können, sondern internationale Schiedsgerichte über die Arbeitsbedingungen in unseren Ländern entscheiden. Und außerdem: dass man so herrlich wenig wissen müsse über Märkte und sie trotzdem funktionierten.

Insofern: Notwendig sind die Proteste gegen das transatlantische Freihandelsabkommen (TTIP)! Eines von vielen Demokratieabschaffungskommandos unter neoliberaler Flagge, die jenseits der Öffentlichkeit operieren und den Konzernen ermöglichen, gegen Staaten zu klagen. Nur, wie kann daraus eine literarische Frage werden, gar eine dramatische? Etwa als Gerichtsdrama? Bloßer Abbildungsrealismus wäre doch absurd und erinnert nur an den kommerziellen Realismus von Hollywood. Wie ist daraus etwas Zwingendes zu schaffen? Etwas, das nur so und nicht anders erzählt werden kann?

Und wie entsteht daraus nicht nur die Parole der Demokratiebeschwörung, die für sich genommen auch eine leere Münze bleibt, denn im Namen der Demokratie werden nicht wenige Verbrechen begangen. Überhaupt müssten wir doch die Parolen umgehen, so als Künstler – Parolen und Agitprop sind das Unbrauchbarste für ästhetische Äußerungen. Ja, man könnte sie sogar als Antagonisten der theatralen Wirkung beschreiben.

Im Theater wird in Bezug auf Kritik gerne über Wirkung gesprochen, das heißt, es wird mehr von außen, von den Beobachtern des Theaters, danach gefragt, denn IM Theater möchte kaum jemand direkt WIRKEN, im Gegenteil, die Frage danach macht die meisten künstlerisch Beteiligten eher verlegen. Dramatiker finden dann schnell zu Formulierungen, die ihnen aus dieser Verlegenheit helfen, ich z. B. sage meist etwas bourdieuhaft, dass das Ästhetische und das Politische zwei verschiedene Felder seien, die aber kommunizieren, das heißt irgendwie einen Zusammenhang darstellen, und denke mir gleichzeitig, aber natürlich möchte ich was sagen, mein Schreiben ist ja heftigste Kommunikation mit der Öffentlichkeit. Andere meinen, ja, sie wollen wirken, aber es sei nicht einfach auf eine Parole zu reduzieren, und kommen mit einem aufklärerischen Ansatz.

Wiederum andere sprechen über die Verhältnismäßigkeiten, die sie herstellen wollten, als wären sie nochmal Alexander Kluge mit seinen *Maßverhältnissen des Politischen*.[104] Und sie sind es auch manchmal. Andres Veiel z. B. fragte bei einem Gespräch über die Finanzkrise in der Akademie der Künste, ob es für einen Politiker ein Luxus sei, historisch zu denken.[105] Und er fragte nach der Relation: In einem Zehnzeiler wird in der *FAZ* über eine Abschreibung in Milliardenhöhe geschrieben. Wie geht das denn?[106]

Wiederum andere Dramatiker streiten jegliche Wirkungsabsicht ab.

Heiner Müller habe wieder einmal den Spieß umgedreht, erzählt Ricarda Bethke in einem Hörspiel (*Ich bin nicht mal das Volk*),[107] und habe sich Ende der 1980er ins Publikum gesetzt, um zu erfahren, ob das Publikum gut ist. Ist das Publikum noch gut? Wir wissen es nicht. Die Frage nach dem Zurückwirken des Publikums ist jedenfalls mehr denn je berechtigt.

Es lacht oft an den falschen Stellen, applaudiert, wo es nichts zu applaudieren gibt. Es wirkt unberechenbar, es ist dispers, liegt daneben, man sieht es auch heute nicht immer, denn die Onlinepräsenzen erzeugen ganz neue Öffentlichkeitsformen. So waren bei den Auftritten des Vorbereitungsbüros zu *Schwindel der Wirklichkeit* in der Akademie der Künste, Berlin,[108] immer rund 300 Leute online dabei, der Livestream machte es möglich – und der Termin um 17 Uhr schloss eben viele aus. Was wissen wir über diese 300 Leute? Wollen wir es wissen? In dem Moment, in dem man das Publikum in den Griff zu kriegen versucht, wird man schneller zur Zuschauerabteilung und zum Quotenhirsel, als man es glauben möchte. Und als Quotenhirsel suche ich auf Google nach den meistgeklickten und erstgereihten Zitaten, Bestandteil eines jeden gegenwärtigen Vortrags.

Gibt man z. B. auf der Bilderseite „Beifall von der falschen Seite" ein, erhält man als ersten Eintrag Günter Grass mit dem Zitat „Wer sich vor der Furcht vor Beifall von der falschen Seite abhängig macht, beginnt in falschen Augenblicken zu schweigen." Ausgerechnet Günter Grass. Aber natürlich hat er recht. Und natürlich wissen Autoren, mit welcher politischen Metaphorik sie spielen und welche Funktion das hat. Nur besonders gescheit zu wirken oder spekulativ provokativ, kann natürlich auch nicht das Ziel einer ästhetischen Arbeit sein. Auf das alles will ich hier nicht hinaus. Auch möchte ich mich nicht ausruhen mit der Frage: Ist es nicht immer ein wenig Beifall von der falschen Seite? Eher schon möchte ich noch einmal in die Nähe eines Adorno-Zitats gelangen: „[W]ahr ist nur, was nicht in diese Welt passt".[109]

„Un otro mundo es possible." Im Moment sieht es nicht mehr so aus. Doch was passiert mit dem Realismus, wenn keine Vorstellung von einer besseren Welt möglich ist? Er wird baden gehen, fürchte ich, in den unendlichen Spielanordnungen, den Gamifications und Fiktionalisierungsgeschicken, denen wir unterworfen sind, in der ganzen Derealisierungsmaschinerie, die um uns herum einzig dabei hilft, Subjektivierungs- und Ausdifferenzierungsmythen kurzzuschließen mit dem gewaltigen Mainstreamisierungswahnsinn, der immer größeren Panik, noch irgendwie mitspielen zu wollen als Teil eines imaginären, politisch ernst genommenen Kollektivs. Es hilft alles nichts: Die Suche nach einem Blick auf die Welt, wie sie ist, ist die Suche nach einer besseren Welt.

2. Die Blinden, die Vergesslichen und die Ängstlichen

„Gut. Sprechen wir vom Kapitalismus!", sage ich den zahlreichen Gläubigen – nein, nicht unbedingt Nutznießern – dieses Systems, die da im

Theater vor mir sitzen, denn diese Form des Kapitalismus wirkt heute mehr denn je wie eine Glaubensfrage: „Geben Sie mir nur fünf Minuten!" Ich bin da wie alle anderen. Ich sage: „Gleich komme ich zu Ihnen. Gleich komme ich dazu, nur einen Augenblick noch, ich muss nur diese eine Sache zu Ende machen, diesen Brief noch tippen, diese E-Mail abschicken. Ich muss dieses eine Telefonat noch entgegennehmen." – „Ja, ja ich halte es kurz."

Andauernd werde ich abgelenkt. Ich komme mir schon vor wie eine arg downgegradete Version des Regisseurs aus François Truffauts Film *La Nuit américaine (Die amerikanischen Nacht;* 1973), in dem ein Filmregisseur am Set andauernd gefragt wird – vom Requisiteur, vom Schauspieler, von der Assistentin, vom Produzenten. Man sieht ihn eigentlich nur, wenn er angesprochen wird, und das ist ja das Problem: Man sieht uns alle nur, wenn wir angesprochen werden! Man hört nur die banalen Fragen des Requisiteurs, des Schauspielers, des Produzenten, der Assistentin: Passt dies zu dem? Wie viel wird das kosten? Wie war ich? War ich gut? Den Rest hört man schon nicht. Die Regieanweisungen klingen wie ein Flüstern. Unsere Vorstellungen von Ästhetik verschwinden im Gemurmel der Evaluationen und Bewertungen von außen, sie verschwinden in der oft zähflüssigen Praxis der Herstellung. Wir sind Menschen, die in der ständigen Unterbrechung leben, und nehmen selbst nur noch die Unterbrechungen der anderen wahr. Die Zerstreuung regiert und lässt einen ganz neuen Wahrnehmungsmodus entstehen – nur, wie soll man mit ihm eine kritische Position einnehmen können? Wie soll ich überhaupt auf den Punkt kommen können?

Ja, warum sollte es bei mir anders sein? Sie sehen doch, ich bin aufgehalten worden, man hat mich eben wieder nicht durchgelassen, dort am Flughafen, da am Bahnsteig, dort drüben, als ich ins Firmengebäude hineinwollte und keine Chipkarte hatte oder wie die Dinge heute heißen, die uns vorwärtsbringen. Ich bin hängen geblieben. Und dann zu spät gekommen. Jetzt warten Sie auf mich, Sie sitzen da und sehen mich noch immer nicht kommen, das heißt, natürlich stehe ich vor Ihnen, aber wo ist mein kritischer Geist, der jetzt erklären wird, wie dieses Ausbeutungssystem funktioniert und wieso die Krisen systemimmanent sind. Der sinkende Profitraten und Schuldendemokratien, Finanzoligarchien auspfeifen wird.

Ich werde in einem Affenzahn die Sache erzählen, denn ich weiß, Sie haben wenig Zeit. Ich weiß, Sie sind ungeduldig. Sie wollen, dass ich auf den Punkt komme. Sie wollen die Essenz meiner Rede, meine Botschaft, Sie wollen den Mehrwert abschöpfen. Eine Rede ohne Rede, ein Vortrag ohne Vortrag wäre schön. Wir sparen ihn einfach aus, ja? Und haben nur noch den Effekt. Sie ahnen, dass das ein völlig unliterarischer Gedanke ist, aber einer, der unsere Suche nach Informationen bestimmt, Ausdruck an der Überforderung durch die Datenfluten, durch die wir uns bewegen im Rahmen einer Gesellschaft, die die Effizienz zu ihrer vermeintlich wichtigsten Vokabel erhoben hat. Am besten ich erzähle Ihnen etwas, von dem ich weiß, Sie wissen es schon.

Funktionieren nicht so oder ähnlich diese ganze Flut an elektronischen Tools und Apps und Onlinediensten und *social networks* und Google-Imperien, die uns Geschichten über uns erzählen, die uns im Grunde schon bekannt sind, die wir aber brauchen, um uns zu bestätigen? Wir trauen ja uns selbst nicht mehr. Wir müssen uns dauernd in diesem medialen Spiegel sehen, um zu begreifen, dass wir wirklich da sind.

Die PR-Abteilungen dieser Welt halten uns in Feedbackschleifen gefangen, im Spiegelkabinett des *personalized* Internet. Wir hören uns anscheinend nur noch Geschichten über uns selbst an, wird jetzt immer gesagt. Man bekommt nur das vorgeschlagen, was einen ohnehin interessiert. Währenddessen verfolgen kommerzielle Anbieter jeden Schritt, den wir tun, und achten auf die sogenannte Nullabweichung. Wäre ja noch schöner! Big Data macht das möglich, dass diese Schritte nicht verlorengehen, dass meine Daten Warencharakter bekommen und schon mal rübergeschoben werden können, weiche ich zu sehr ab. Meine Telefonaktionen gehen auch nicht verloren und halten mich knapp an der Norm, meinen Wortschatz bei Fuß, er läuft wie ein Hündchen neben mir her, oder was ich für mich halte, und verliert sich nicht in Vokabelexotismen, Verbalradikalismen. Ich kann mich im Grunde nur noch selber sehen, während ich von anderen beobachtet werde, ob ich auch nichts falsch mache. Es ist natürlich paradox, dass so jemand etwas Kritisches ausrichten will.

Auch diesbezüglich sind wir Vergessliche, oder hat man es im letzten Sommer nicht oft genug wiederholt? Von der Überwachung über Handy bis zum Ganzkörperscanner steht der Exekutive jede Menge Technologie bereit. Das hat weitreichende Folgen, denn gerade das „Versteck" in der „Masse", das es noch im zwanzigsten Jahrhundert gab,[110] verraucht in den Möglichkeiten der Datenaufbereitung. Durch Profiling und Scannen ist die Masse geradezu der Ort der Aufspürung. Man werde andauernd identifiziert, herausgefischt. Die Masse hat ihr Wesen verändert. Das hat man fortwährend wiederholt, auch ich wusste das schon mal, ich kann mich nur so schlecht daran erinnern, man muss mir gewisse Dinge eben immer wieder erzählen, das macht es so anstrengend. Wie die Sache mit den Derivatemärkten funktioniert beispielsweise, das vergessen wir immer wieder, als hätten wir uns dazu verabredet. Dass Derivate Massenvernichtungswaffen seien, wie Warren Buffett sagte, blieb immerhin hängen. Aber wie das mit der Staatsverschuldung ist, und was das mit der letzten Finanzkrise zu tun hat, gleitet schon wieder weg, rutscht in den Orkus des Nicht-Verstehens. Das Vergessen ist ein Teil des Systems, das selber nicht mehr vergessen kann. Wir haben die Erinnerung ausgelagert. Aber für uns Menschen sei (im Gegensatz zu Big Data) eben ein wiederholtes Löschen der Festplatte vonnöten, heißt es auch in den Fachzeitschriften und Online-Tipps. Nur, wir löschen andauernd, wir haben den Systemalzheimer, unterstützt von einer Gesellschaft des Spektakels. Das ist natürlich paradox, dass jemand, der sich an nichts erinnert, kritisch sein will.

Und dann wären wir auch schon bei Ihnen. Das heißt bei Ihnen in Ihrer Eigenschaft als Zuhörer. Können Sie beispielsweise überhaupt noch zuhören? Es heißt, das ginge nicht mehr. Umgekehrt formuliert, Sie können ja gar nicht alle Ohren verschließen, die Ihnen zur Verfügung stehen, die Konkurrenz- und Nebenohren sind, und es sind erstaunlich viele, die da zu verschließen wären, damit die beiden Aufmerksamkeitsohren offenbleiben können. Das Innenohr, das dritte Ohr, das Zusammenhörohr, das Außenohr, das gesteigerte Empfindungsohr, das Mitläuferohr, das Tastatur- und Fitnessohr, das Mitarbeiterohr, das teambegabte Ohr und das Emergency-Ohr, das Terminohr und Inkasso-Ohr. Umgebungsohren, Selbst-Optimierungs- und Ablenkungsohren, Vorteilsohren und Discountohren – sie alle sind zuzumachen, Sie sind so damit beschäftigt, alle diese Ohren zu verschließen, dass Sie gar keine Konzentration für andere Dinge aufbringen können, Sie können nicht mehr zuhören, wird da auch schon gesagt. Den Blinden, Vergesslichen und Ängstlichen sitzen die Tauben gegenüber, die Vielbeschäftigten, die dabei sind, alle Ihnen zur Verfügung stehenden Ohren zu verschließen, so fest, dass nichts mehr durchkann.

Vielleicht sind Sie der Facebook-Mittelstand, von dem in einer Spam-Mail meines E-Mail-Accounts die Rede war: „Facebook-Mittelstand!" stand in dem Header als Aufruf und Anruf gleichermaßen zwischen der Google Gewinnbenachrichtigung und dem Kenia-Business-Vorschlag. Ein merkwürdiges Fundstück. „Jetzt mit fünfzig Prozent Aktionsrabatt!" stand da. Die Dienstleistung, die angeboten wurde, war kein „Optimieren Sie Ihre Suchmaschine!", aber knapp daneben. Facebook-Mittelstand, das gefällt mir, trägt der Fiktion dieser Zuschreibung schön Rechnung, eine Art Negativ-Bezeichnung, eine Nicht-Klasse: nicht sehr reich, nicht sehr arm, (aber immer öfter relativ arm, wie Ihnen schwant – also Achtung! Erosionsgefahr! Bergrutschfrieden!), irgendwo dazwischen und immer auf Networking in *social networks* aus, als könnte daraus was erwachsen. Das perfekte Definitionsset des gesellschaftlich „Normalen", einer der heikelsten gesellschaftlichen Kategorien. Mehr Fiktionsunterwanderung gibt es in der Selbstdefinition einer Schicht eigentlich nicht.

3. Falsche Medien, falsche Zuschreibungen, Postdramatik

Warum aber habe ich das Gefühl, immer im falschen Medium zu sein? Überhaupt: Warum beherrsche ich die Medien nicht gründlich? Und warum sind da immer so viele Medien gleichzeitig da, durch die ich durchhecheln muss? All die *social media, multimedia*. All diese Computerspiele und Fernsehrealityshows, die Fernsehansprachen und Wahlkampfduelle, das Facebook-Business. Ja, immer dieses Business: Medien-Business. Subjekt-Business, Networking-Business. Da sind immer schon all diese Medien, die nicht nur die Rahmung meines Schreibens sind, sondern es durchdringen, bestimmen, formen, herstellen. Die Rahmung meiner Geschichte, die ich da erzählen will. Die immer schon vorerzählt ist. Wegerzählt von anderen, die schneller waren. Außerdem habe ich alles vergessen. Ich weiß nicht mehr, was da passiert ist. Mir. Oder auch den anderen? Meinem ganzen Team, wie es so schön heißt, nein, nicht meinem Team, es sind mehr so Kollegen, oder was soll ich sagen, Mitmenschen aus einem ungefähren Arbeitsumfeld, aus dem ich irgendwie ausgeschlossen bin. Eben diese Menschen, denen es vermutlich genauso ergangen ist, ich habe sie nicht gefragt. Wir müssen doch irgendwelche kollektiven Erfahrungen machen, oder sind wir hier wirklich nur so vereinzelt, wie immer wieder gesagt wird, so endindividualisiert, wie es immer heißt. Uns verbindet nichts, sagt man dann schnell, wenn der Fun-Faktor fehlt, wenn sich der Flashmob auflöst, wenn das *social* Gehäuse abschmiert, als das uns das Netz gilt. Aber auch mich selbst gibt es nicht, also die, die hier „ich" sagt. Mich gibt es nur im Futur, ich bin eine EU-Richtlinie, ich bin ein Managementziel, ein Derivat. Wer sagte das noch: „Ein unternehmerisches Selbst gibt es so wenig wie einen reinen Markt. Beide zehren von Voraussetzungen, die sie selbst nicht schaffen." Ach ja, der Soziologe Ulrich Bröckling in seinem Buch über *Das unternehmerische Selbst* war das, S. 283, wo es weiter heißt: „Das unternehmerische Selbst existiert nur als Realfiktion im Modus des Als-ob – als kontrafaktische Unterstellung mit normativem Anspruch, als Adressierung, als Fluchtpunkt von Selbst- und Sozialtechnologien, als Kraftfeld, als Sog."[111] Ich bin also eine Realfiktion und sowas färbt natürlich auf meine Figuren ab, sorry.

Ständig lasse ich diese sich selbst präsentieren, sie wollen sich verkaufen, sie wollen sich bewerben bei irgendeinem Arbeitgeber, Geldgeber, Wahrnehmungsgeber, bei wem auch immer – bei einem Publikum, das ja gar nicht mehr richtig zuhören kann, nicht mehr richtig zusehen, weil es alle Hände voll damit zu tun hat, sich selbst beim Wahrnehmen wahrzunehmen, denn sonst weiß man ja gar nicht, dass man wirklich da ist, dass es einen wirklich gibt. Ein Publikum, das nur noch mit sich selbst beschäftigt ist und in zu viel Selbstbezüglichkeit und Ironie verlorengeht, im postdramatischen Paradigma, das Hans-Thies Lehmann 1999 unter stimmigen Geburtsumständen in stimmig euphorischer Weise hervorbrachte.[112] Was knapp fünfzehn Jahre mit so einem Paradigma machen können! Das Theater, das Lehmann beschreibt, ist heute nicht mehr so abwegig, wie er meinte, es trägt oft eben kein Risiko, ist ein Selbstläufer, eine oftmals unhinterfragte Erfolgsgeschichte, die mit Arbeitsformen einhergeht, die viel mehr mit dem meist attackierten neoliberalen System zu tun haben als ihren Akteuren lieb ist, wie Bernd Stegemann herausstellt. Das kann ich gut verstehen, wenn ich auch nicht mit Bausch und Bogen gewisse ästhetische Mittel verwerfen möchte. Ich, die Tante mit dem Team-Monitoring, das schiefgegangen ist. Die ihre Figurentruppe nicht recht beisammenhat, sodass niemals ein wirkliches *emergency team* aus ihm werden wird, eine Handlungsstelle, ein Einsatzgebiet. Es ist mehr ein Aussatzgebiet, ein Gebiet der Leerstellen, der Fehlanzeigen, der vermissten Verantwortlichkeiten. Ich brauche also eigentlich nicht reden. Sagen Sie. Ich aber sage:

Die Sache mit der Kritik an der Performance ist z. B. etwas, was ich prompt einsehe, ein interessanter Gedanke: Die Welt verschwindet, das Publikum erfährt sich nur noch selbst, es ist Teil eines Ereignisses, das es konsumiert. Vielleicht ist es das, worauf alle aus sind in dieser narzisstisch gestörten Gesellschaft. Das Publikum braucht außerdem diesen Moment der ausgeübten Gläubigkeit, in dem es um diese Menschen geht, die angeblich auf der Bühne stehen und aus dem wirklichen Leben kommen wollen, das heißt, sie wollen zwar, aber sie kommen nicht an, auf der Bühne kommen Laienschauspieler an. Sicher, es stellen sich Authentizitätseffekte her, jede Menge, aber es bleibt nichts hängen. Es heißt dann immer: Da ist mir nichts in Erinnerung geblieben. Sicher, man kann fragen: Muss Theater in Erinnerung bleiben? In einer Welt der puren Immanenz, wozu brauchen wir noch Erinnerung? Was vom Theater muss in Erinnerung bleiben? „Kein Satz, der übrigbleibt", hieß es einmal in einer Rezension zu einem meiner Stücke und war wohl als ärgste Kritik gedacht. Komisch in Theaterzeiten, in denen Sätze extra nicht zum In-Erinnerung-Bleiben existieren, in denen Gedächtnis- und Speicherfunktion heruntergesetzt sind, das pure Jetzt vorherrscht, die radikale Gegenwart sich durchsetzt.

Doch warum und wie ist es mir passiert, dass da einmal anscheinend kein Satz zum In-Erinnerung-Bleiben entstanden ist? Lag es daran, dass mir das Material zu sehr auf den Pelz gerückt ist? Dass ich unterlag, keine Distanz fand? „Literatur muss dem Theater Widerstand leisten. Nur wenn ein Text nicht zu machen ist, [...] ist er für das Theater produktiv."[113] Ist dieser Heiner-Müller-Satz noch brauchbar? Das heißt, wird er noch gebraucht? Wird er noch in seinem Sinn angewendet? Überhaupt angewendet? Wie viel Literatur gibt es im Theater noch und gilt diese als avanciert? Hat man etwa deswegen den Stückemarkt des Berliner Theatertreffens abgeschafft,[114] spricht man deswegen von einer Überförderung des schreibenden Nachwuchses – warum hält man ihn für einförmig, gleichförmig? Warum gelten bildende Künstler, Theaterinstallationen, Inszenierungen ohne Text, Performances als viel avancierter als Gegenwartstexte, von denen keiner zu dem diesjährigen Theatertreffen eingeladen wurde?[115]

Und wie leistet der Text seinem Material gegenüber Widerstand, bevor er dem Theater Widerstand leisten kann und damit dem ‚bürgerlichen Möglichkeitsraum'? Für den Widerstand ist die Distanz nötig, ist ein gewisser Abstand unbedingt geboten. Wenn ich aber niemals unterliege, das heißt, wenn es mir möglich ist, immer Abstand zu wahren, wie kann ich da etwas von der Welt erfahren? Es muss ja diesen Moment geben, in dem ich überrollt werde von dem da draußen, den Moment, wo sich alle Ambivalenzen und Gesprächsknoten auf mich legen. Ich von ihnen beinahe erdrückt werde. Ich, die Realfiktion. Wo ist dann meine Sprache hin, die ebenfalls eine Fiktion sein muss, der Atem, den ich gerade noch schöpfen kann, jenes ständig bewegliche Import-Export-Gelände? Jene zukunftsoffene Praxis, mit der wir uns immer noch unsere Herrschaftsgesten festlegen.

„Wir sprechen uns noch!", sagen wir dann ganz beiläufig, manchmal im Robert-De-Niro-Stil, manchmal so, als käme es aus dem Mund einer Psychotherapeutin oder als spräche ein ganzer Diplomatenkorps – „Ja, wir sprechen uns noch". Wir handeln noch immer sprachlich unsere

Macht- und Handlungsräume aus, glauben Sie es mir! Nur im Drama funktioniert das nicht mehr. Die Sprache habe sich verselbstständigt im Theater, schreibt Hans-Thies Lehmann,[116] sie macht ihr eigenes Ding und ist womöglich mittlerweile zur Tür hinaus. Und mit ihr der Dialog, die Zuspitzung, die Figurenzeichnung, Fabel, Handlung, Drama. Abgewandert in den kommerziellen Realismus, wie Bernd Stegemann meint. Die Konflikte sitzen nicht mehr. Wir leben in Theaterzeiten, in denen besser nichts und niemand nach Literatur riechen darf. Ich rieche aber andauernd nach Literatur. Ich habe das Pech, Theaterautorin zu sein – nein, keine Regisseurin, I promise! Mich interessiert der Text, der Text, der Text! Die Sprache, die Syntax, die Worte, deren Melodien, deren Techno, Technik, deren räumliche Kraft, deren Widerspruch und Reibung. Es kostet mich alle Kraft und Anstrengung, Texte zu schreiben, sie zu erfinden, zu erstellen. Es ist eine Obsession? Nein, meine Setzung, wenn Sie so wollen, die Ohrfeige, die ich der Welt zu bieten habe, meine Werbung um Sie. Meine Art rauszufinden, ob Sie wirklich noch miteinander sprechen oder ob sie nur so tun, mal im Robert-De-Niro-Stil, mal in der Art einer Psychotherapeutin oder eines Diplomatenkorps. Oder ob Sie aneinander vorbeireden. Dumm nur, dass ich wenig Reflexion über den Theatertext finde im theaterwissenschaftlichen Diskurs. Der Text wurde auch wissenschaftlich weggefrühstückt, wie man auf der Autobahn sagen würde, und manchmal, so scheint mir, ist der Autobahndiskurs interessanter für Dramatiker als der theaterwissenschaftliche, den es immer nur in die Performancerichtung zu drängen scheint.

Als Kind der Postdramatik,[117] das ich wohl zu 101 Prozent bin, schien mir das klassische Dramentheater als Tradition, als Anknüpfungspunkt nicht interessant, die Fabel, die Handlung, die Figuren mit ihrer Figurentreue, die Dialektik, die immer schon Bescheid weiß, wohin die Reise geht, die in ihr wohnende Abstraktion, das heißt: Abstraktion nicht ganz. Die Abstraktion und das Modellhafte, das interessiert mich ja nach wie vor, nur eben nicht auf eine aristotelische Übersichtlichkeit hin organisiert, als Dominante. Das ist ja auch schon soooo lange her. Schnee von gestern. Vielleicht aber ist das „Theater ohne Drama" auch etwas übergelaufen, brandig geworden in Zeiten der Krise? Vielleicht reicht es nicht aus, im Theater über Kommunikationsformen nachzudenken, über Arten des Sprechens? Der Konflikt und der gesellschaftliche Widerspruch drängen ja nach vorne, nach all den Jahren, in denen man ihn an die Ränder Europas erfolgreich outgesourct und so unsichtbar und scheinbar unerfahrbar gemacht hat.

4. Realitäten-Händler

Ja, wo bleibt die Dringlichkeit? Das möchte ich nun doch einmal wissen, wie ich so dasitze und im Netz einer Diskussion aus der Akademie der Künste zuhöre:[118] hundert Prozent Wirklichkeit nach dem Erfolgskonzept von Rimini Protokoll.[119] Ich höre Helgard Haug sprechen und muss von Neuem zugeben, dass mir einiges an deren Vorgehensweise nahe ist. Möglichst viel in die Wirklichkeit hineinzugreifen, Verbindungen zu schaffen, Verbindungstüren zu legen, stellen, setzen – legen. Mitspieler gewinnen, höre ich z. B. jetzt gerade Helgard Haug sagen, und da steige ich schon aus. Denn Mitspieler gewinnen, das macht auch die Sparkasse. Wie können sich Gegnerschaften, Widersprüche zeigen, wenn alle mitspielen? Und wenn die Sprache und die Inszenierung in weiten Teilen wegfallen, dann müssen alle mitspielen, dass da was wird. Es gibt keinen Träger, kein vermittelndes und trennendes Drittes mehr.

Mir fehlt dann doch was. Ich glaube, dass diese authentischen Effekte für sich genommen nicht viel sind, rutschiges Gelände sozusagen. Ich glaube nicht an die hundert Prozent Wirklichkeit, eher schon an die 101 oder 120 oder gar 300-prozentige Wirklichkeit, die uns da auferlegt wird. Denn ich sehe niemanden, der erschrocken ist, und das wäre man doch, oder? Und wenn nicht, dann müsste man das Erschrecken wieder lernen, den Moment des Zurückschreckens wieder einfangen, des Nicht-Fertigwerdens mit dieser Wirklichkeit, nachdem man so ganz offiziell fertig mit ihr geworden ist. Da bin ich ganz bei Elfriede Jelinek.

Insofern kann ich auf der Bühne dann wenig anfangen mit diesen Alltagssprachen, den Alltagsgesichtern, den Expertenauftritten und den Erzählungen aus dem echten Leben. Die muss ich immer erst dazu machen. „Glotzt nicht so authentisch!", hatte Pollesch das genannt.[120] Nur: Die andere Sache ist die reale Erfahrung, die ja mit diesen Diskursen verbunden ist. Es gibt diese Welt da draußen, sie ist verdammt real und wir verdanken ihr sozusagen einige der angenehmsten und unangenehmsten Erfahrungen. Ich kann sie nicht so einfach wegknicken in Diskursen. Ich muss sie aufsuchen, mich auseinandersetzen. Das geht bei mir eben hin und her.

Ästhetik muss etwas Vermischtes an sich haben, der reine Diskurs, die reine Theorie macht noch keinen Theaterabend. Sie bewegt sich an den begrifflichen Sollbruchstellen entlang. Das Fernrohr muss manchmal umgedreht werden.

Ich meine, hat nicht der BaFin-Chef uns jenes schöne Zitat geliefert: „In der Realität war die Wirklichkeit ganz anders"?[121] Wir wissen, was gemeint ist, aber im Grunde ist es ein völlig absurder Spruch, der eine kategoriale Verkehrung in sich trägt, symptomatisch für die derzeitige Verwirrung unseres Verhältnisses zur Wirklichkeit. *Die Wirklichkeit ist anders,* so betitelte Thomas E. Schmidt seinen Artikel über den Neuen Realismus in der *Zeit* vom 3. April 2014.[122] Er beschreibt darin die neueste philosophische Debatte, in der einmal mehr das Ende der Postmoderne beschworen und ein neuer Realismus gefordert wird, was immer das bedeuten mag. Schmidt spekuliert nur vorsichtig, was dies mit sich bringt, vor allem Vorteile, wie er meint: Wieder ein Richtig und Falsch ausmachen zu können, der Rede über die Dinge die Kraft zurückzugeben, Handeln anzuleiten – ja, es klingt eigentlich ganz positiv und brauchbar, wenn ich auch nicht nachvollziehen kann, welche Bedingungen sich geändert haben, um diesen neuen Realismus hervorzubringen als eine Art Überdruss an der postmodernen Verwirrung und Uneindeutigkeit.

Für mich als Autorin kann sich dieser neue Wirklichkeitssinn nur so zusammensetzen, dass ich theoretische Überlegung, ästhetischen Aberwitz und praktische Erfahrung kombiniere – ich habe dies kurz in der letzten Vorlesung erläutert – für mich kann es gar keine reine Weltsicht geben, sich auf eine systemische Vorstellung beziehende, sondern nur das Vermischte, kategorial Verschiedene, das ich in einen Spannungszustand bringe und das mich in manche Widersprüchlichkeiten wirft, die ganz aufzulösen mir nie gelingen wird, was aber keinesfalls zur Folge haben soll, es erst gar nicht zu versuchen. Wir Dramatiker leben von den verschiedenen Rahmungen, den Metaebenen, Abstraktionen und Konkretionen, von der sogenannten „Materialebene", die bei mir bisher aus unterschiedlichen experimentellen Rechercheanordnungen bestand. Dies waren vor allem Begegnungen und Gespräche mit Einzelmenschen, Gruppen, Zweierkonstellationen, die ich aufnahm, bearbeitete. Kombiniert mit dem Faktor Zeit und der ästhetische Kontextualisierung, entsteht daraus der schriftstellerische Realismus. Ohne Theorie und ohne literarischen Zugriff wäre dies Material nicht unbedingt nichtssagend, aber eben auch noch nicht sprechend.

Doch wer zitierte da eben Brechts Keuner: „Was tun Sie, [...] wenn Sie einen Menschen lieben?" „Ich mache einen Entwurf von ihm [...] und sorge, daß er ihm ähnlich wird."[123] Es war Kevin Rittberger auf dem Bildschirm meines Computers, der der Einbildungskraft des Theaters, die kein Erfüllungsgehilfe der Politik und doch eminent politisch sein möchte, in der Veranstaltungsreihe zum *Schwindel der Wirklichkeit* nachging.[124] Es hat mir gefallen, wie er in diesem Frühjahr sein „Theater der Vorahnung" in der Akademie der Künste präsentierte. Er zitierte Blochs antizipierendes Bewusstsein, das man an den Tag legen könnte, ließ zusammen mit der Kulturwissenschaftlerin Karin Harrasser den Moment des zögernden Geöffnetseins von Kracauer gegen das zupackendere Vorwegnehmen antreten, skizzierte die ganze Schwankungsbreite zwischen dem Praktischen und dem Ahnungsvermögen. Ja, überhaupt: Was heißt denn das anderes, wenn man dabei ist, eine realistische Haltung einzunehmen, als in die Zukunft zu blicken? Wenn die Welt niemals mehr alleine im Hier und Jetzt ist, wie sollte das Theater sich dort aufhalten?

5. Fake-Wirklichkeiten

In dem ganzen Diskursgewusel um Sichtbarkeit und Unsichtbarkeit der Finanzkrise stellt sich eine Frage notorisch immer wieder: Warum verdammt nochmal hat niemand diese vorhersagen können, obwohl sie doch angeblich auf der Hand lag? Und sagt man nicht, dass große Ereignisse ihren Schatten vorauswerfen?[125] Wo war der Schatten? Üblicherweise kommt als Antwort die lange Rede von den komplizierten volkswirtschaftlichen Modellen, die das verunmöglicht hätten,[126] das heißt, meist ist dann von der Verdoppelung der Realität die Rede, die in den Modellen stattfände. Sie kämen der Realität nicht mehr nach. Die volkswirtschaftlichen Theoriewerkzeuge taugten eben nicht dazu, die Realität zu verstehen.

Sie sagen, Modelle seien ein Problem dieser Wissenschaft, nicht der Literatur, schon gar nicht der Dramatik? Ich weiß nicht, wäre ich jetzt Arno Schmidt und würde ich die *Berechnungen* schreiben,[127] würde ich das anders sehen, ich würde auch gleich zahlreiche Erzählmodelle auffächern, die die Wirklichkeit eben nicht einmal nach-sagen könnten. Sicher wäre es auch ein eigenartiger Ansatz zu glauben, man sollte auf der Bühne etwas nacherzählen, und ich weiß auch nicht, was ich von dem ganzen Reenactment halten soll, das nun ebenfalls unter dem Siegel der Postdramatik den Weg ins deutsche Stadttheater gefunden hat und seine eigene Realitätsverdoppelung schafft.[128]

Aber im Grunde halte ich mich noch immer mehr in der Nähe von Alexander Kluge auf, der kein Verehrer der sogenannten Wirklichkeit ist und in ihr bloß herumspaziert. Währenddessen treten auf der großen Bühne auf: die Utopisten, nein! Keine Utopisten, niemals Utopisten, wir haben hier nichts mit Utopie zu tun! Also gut, es treten auf: kleine Realisten, große Realisten. Die das Pferd niemals von hinten aufzäumen, die immer von vorne kommen, immer von vorne. Auch nicht? Es treten in jedem Fall auf die Vorahmer, die Vorahnungskünstler, die Antizipatoren, die Vorwegnehmer, die immer schon wissen, was kommt, es treten auf die Mitwisser, die immer schon mitwissen, was sich noch gar nicht ereignet. Und: kleine Geisterseher, große Geisterseher – „Ein giftiges Völkchen", sagen Sie? Erleben wir den Angriff der Zukunft auf die übrige Zeit? Gut möglich. Insofern ist jede Menge Gegenfiktion nötig. Nicht nur das ständige Kreisen um die Frage, wie sich das da draußen übersetzen lässt – wobei in dem, was wir von dem da draußen wahrnehmen, immer schon jede Menge von uns selbst enthalten ist, dazu muss man kein radikaler Konstruktivist sein, das zu erkennen. – Nein, es geht auch um die gezielte Integration von Übersetzungsfehlern, den Aufbau eines widerständigen symbolischen Netzwerks gegen die faktenschaffende Macht des realen Herrschaftssystems, das mehr und mehr mit Fiktionen gegen unsere realistische Haltung arbeitet, um den eigenen Herrschaftsraum zu erhalten. Will man also noch einen Schritt weitergehen und dies darstellen, hat man es nicht mehr mit dem Faktischen zu tun, sondern mit einem Verhältnis. Theater ist eine Verkettung von Verhältnissen: Der Schauspieler setzt sich ins Verhältnis zum Text, der sich ins Verhältnis zu seinem Material, den Recherchen, Gesprächen, die seine Grundlage darstellen, setzt und dieses zu den Herrschaftsstrukturen und zum Abwesenden der Macht. Plakativ gesprochen. Daneben setzt sich natürlich das Fiktive ins Verhältnis zu den von uns gerade wahrgenommenen Partikeln der Realität und das Gegenwärtige zum Zukünftigen. Diese Verhältnisse sind nicht postmodern beliebig, sie unterstehen einer Hierarchie, die dem Machtraum entspricht, in dem wir heute leben. Herauszufinden, wie man sie gleichermaßen erzählen und unterlaufen kann, ist die heute gebotene Arbeit. Nicht als Verharmlosungsprozess, als Entspannungsübung für gelangweilte Restbürger, auch nicht als didaktische Wundershow,[129] die einem als eine Art verspielter Journalismus entgegentritt, sondern als zwingender ästhetischer Entwurf, der klarmacht, dass man diese Sache nur so und nicht anders erzählen kann.

Und das ist das, was ich in dem Hundert-Prozent-Wirklichkeitshaus des Dokumentartheaters nicht herausfinden kann: wie diese Verhältnisse hergestellt werden, wie aus der Materialsammlung, aus dem Hereinholen der Wirklichkeit ein Herausholen der Ästhetik wird, vor allem, weil diese Verhältnisse nicht einfach auszusortieren sind, weil sie nicht dem Dienst- und Warenförmigkeitsrahmen entsprechen, in denen wir mehr und mehr die Welt zu betrachten gewohnt sind.

Vielleicht gehört auch dazu, dass man sich irrt, dass man sich selbst in den Rücken fällt. Dies sei eine Schwäche von ihm, erzählt erstaunlicherweise der Reenactment-Spezialist und Gründer des International Institute of Political Murder, Milo Rau,[130] der sich gleichzeitig ironisch als Linksfaschist bezeichnet[131] – einer seiner sympathischsten Sätze in dem Buch *Die Enthüllung des Realen*.[132] Er ist sicherlich meilenweit entfernt von Gerhard Schröders „Risiken und Chancen"-Aussage, von der man sich immer noch schlingensiefartig entfernt halten muss. Sicher hilft die Kategorie der sympathischsten Sätze hier nur bedingt weiter, das gebe ich zu. Sie sehen, ich irre auch ein wenig umher, vielleicht nicht im Kreis, vielleicht werde ich auch nur halb vom Feuer verzehrt ...[133]

Ich kann nur sagen, es dauert verdammt lange, einen Stoff zu verarbeiten. Den Rhythmus, den Pollesch, Kroesinger und Rimini Protokoll vorgeben und der aus ihrem Alltag als Regisseure stammt, kann ich nicht einhalten, im Gegenteil, ich finde ihn irre für Menschen, die mit Material umgehen, dem sie eine ästhetische Antwort geben wollen. Sie arbeiten, als wollten sie Zeit sparen – bzw. wird mir nicht selten erzählt, man spare Zeit, wenn man Konstellationen schafft, in denen sich etwas reinszeniert. Man spare Zeit, indem man beispielsweise nur Rahmen kreiert, in denen performt wird. Theater wird heute manchmal gemacht, um Zeit zu sparen. Es geht um Häufungen, Sichtbarkeitshäufungen im Gegenwartstheater, nur so kommt es zu Sichtbarkeitseffekten, nur so entsteht etwas wie Wirkung, wie eine Chance auf Bühnenexistenz.

Postdramatik: ja oder nein? Postpostdramatik, neuer Realismus? Um ehrlich zu sein, ich denke nicht darüber nach, welcher Teil ich von welcher Zuschreibung sein könnte, dazu habe ich gar keine Zeit, ich, die Tante mit der kollektiven Verlustanzeige, die Nicht-Managerin von implodierten Zeit- und Handlungsräumen, den widersprüchlichen Medienarchitekturen, den verkorksten Öffentlichkeitsgängen. Ich denke vielmehr darüber nach, wie ich auf das reagieren kann, was da um mich herum los ist, und wie dieser Realismus ganz konkret aussehen kann, an dem ich arbeite. Ob das Theaternaturalismus ist, Theaterdokumentarismus, Theateranimismus, die berühmte soziale Plastik? Nachahmung, Vorahmung, Vorahnung, Vorwegnahme des Realen, Risikomanagement und das szenariengetriebene Reale? Sie sehen, es geht noch immer hübsch Richtung Zukunft, wenn wir mit der Fiktionalisierung des Realen zu tun haben, die Zukunft lässt uns nicht aus.

Aber inzwischen reden hier auf meiner Bühne erst einmal alle los. Das heißt, hier auf meiner Bühne in meinem eigenen 130-Prozent-Wirklichkeitshaus reden erst einmal alle durcheinander. Sie sind wieder aufgetaucht aus ihrer Teamdepression. Solange konnte ich sie zurückhalten, nun geht das nicht mehr. Sie sagen, ich solle aufhören, denn eigentlich seien sie jetzt dran, nicht ich, denn sie seien immerhin ein Team und ich nur alleine, und ein Team schlägt heute immer den Einzelnen. Man müsste sie erst einmal unterbrechen. Man müsste ihnen ins Wort fallen. Das macht aber niemand. Auch ich traue mich nicht, ein paar Fragen zu stellen, die man nicht stellen darf. Auch ich traue mich nicht, die richtigen zu vergessen. Das ist manchmal sogar noch schwieriger. Sie sagen, ich solle aufhören, denn die Zeit gehe ja immer zu schnell vorbei. Die Zeit ist eigentlich sowieso schon vorbei, antworte ich ihnen, denn wir leben im Futur zwei der Finanzmärkte, da bleibt nix übrig für so ein Bühnengeschehen. Der Konflikt wurde schon konsumiert, fahre ich etwas leiser fort, er kann nicht mehr ausgetragen werden. Er hängt in den Theaterseilen, murmle ich, nach oben gezogen ... und dann stocke ich. Denn im Publikum starren alle nach oben.

Ja, vielleicht starren alle deswegen nach oben. Der Blick gleitet ab ... Nein, das ist der große Bildschirm über der Bühne ... Der große Bildschirm, den ich selbst nicht sehen kann, weil er immer hinter mir ist ... hinter mir her ist ... In Wirklichkeit werden da Filme gezeigt, Snuff-Movies oder Reality-Shows oder, überlege ich, Sie lesen gar die alles entscheidende Übersetzung ... Was weiß ich! Ich weiß nur: Bildschirm schlägt Bühne, schlägt Text, und zwar immer in dieser Reihenfolge, so aufmerksamkeitstechnisch.

Ja, Bildschirm schlägt Bühne, schlägt Text ... Aber wir sprechen uns noch, weiß ich, wird immerhin danach noch gesagt, dann, wenn die Leute den Saal verlassen, zueinander, voneinander weg, miteinander, da gibt es die erstaunlichsten Kombinationen. In diesem Versprechen liegt vielleicht noch die Menge Futur, die uns geblieben ist.

ERSTE VORLESUNG
Eine Deklination des Zukünftigen
Seite 6 – 33

[1] Am 02.04.2014 luden das Österreichische Bundeskanzleramt und die Kontaktstelle *Creative Europe Desk Austria* unter dem Titel *Bleibt alles beim Alten? Oder doch alles neu?* in die Urania Wien zur Auftaktveranstaltung zum neuen EU-Rahmenprogramm für die Kultur in Europa für die Jahre 2014 bis 2020, *Creative Europe*. „Rund 200 Kunst- und Kulturschaffende, ProduzentInnen und VertreterInnen von Interessensverbänden und Institutionen" besuchten die Konferenz (vgl. www.ccp-austria.at/view.php?id=453), auf der u. a. der Österreichische Kulturminister Josef Ostermayer und Kathrin Röggla *(Die fehlende Zeit. Über Kunst und Markt)* sprachen und eine Grußbotschaft von Androulla Vassiliou publik gemacht wurde.

[2] Claudia Lenssen: *Liste des Unverfilmten.* In: Alexander Kluge (Hg.): *Bestandsaufnahme: Utopie Film. Zwanzig Jahre neuer deutscher Film / Mitte 1983.* Frankfurt/M.: Zweitausendeins 1983, S. 240–256.

[3] Ulrich Bröckling: *Das unternehmerische Selbst. Soziologie einer Subjektivierungsform.* Frankfurt/M.: Suhrkamp 2007.

[4] Peter Handke: *Die Stunde da wir nichts voneinander wußten. Ein Schauspiel.* Frankfurt/M.: Suhrkamp 1992; UA: 09.05.1992 / Theater an der Wien / Regie: Claus Peymann.

[5] Vgl. Philippe Quesne / Vivarium Studio: D'Après Nature (dt: Nach der Natur); UA: 09.01.2006 / Théâtre de la Bastille, Paris / Regie: Philippe Quesne.

[6] Eine Beschreibung des Stücks, das während des *Festivals Belluard Bollwerk International* am 24.06.2011 im Bollwerk in Fribourg uraufgeführt wurde, bietet Forced Entertainments Webseite: „[*Tomorrow's Parties*] imagines a multitude of hypothetical futures. On a makeshift fairground stage, wreathed in coloured lights, two performers speculate about what tomorrow might bring. Exploring utopian and dystopian visions, science fiction scenarios, political nightmares and absurd fantasies, the audience is carried along on a flowing tide of dreams and conjecture. Sometimes collaborative, sometimes competitive the two performers exaggerate, contradict and invent, as their playful suppositions take them in different directions. *Tomorrow's Parties* is Forced Entertainment in intimate and comical mode – a playful, poignant and at times delirious look forwards to futures both possible and impossible" (www.forcedentertainment.com/page/144/Theatre-Performances/132).

[7] Gemeint ist *Life and Times*, dessen erste Episode am 07.09.2009 im Kasino des Burgtheaters Wien uraufgeführt wurde. Für eine Selbstbeschreibung des 2014 noch nicht abgeschlossenen Projekts vgl. http://oktheater.wordpress.com/ok-theater2/: „*Life and Times* is a planned 10 episode project, generated from a single question, which director Pavol Liska asked of company member Kristin Worrall: ‚can you tell me your life story?' […] When Pavol called Kristin, she talked for 2 hrs and was still not done talking, so they made plans to call again, and again, and again – finally ten phone calls and 16 hours of recordings later – she had told us the story of her life. It was an incredibly generous and thoughtful answer, and we decided it deserved an equally generous and ambitious response by the company. *Life and Times* is […] divided into ten episodes, each of the episodes corresponds to a separate phone call. Episode 1 starts with birth and goes to age eight. Episode 2 is roughly 8–14. Episodes 3&4 tackle the period from 14–18, etc… although we do edit the material for length and some names are changed, we have committed to the actual transcripted text ‚as-is'. We do not re-write the material or edit for sense or change the actual texture and nature of the language as spoken. With each episode we attempt to tackle a different formal challenge. For Episode 1, we work within the form of musical/opera and mass spectacle. Episode 2 we explore dance. Episodes 3&4 are dealing with theater and the genre of the ‚whodunit' or locked-room murder mystery. Episodes 4.5 & 5 explore drawing, painting, animated film, and book arts. Episode 6 will be radio, and so on" (Stand: 22.08.2014).

[8] Vgl. Alexander Kluge / Joseph Vogl: *Soll und Haben. Fernsehgespräche.* Zürich / Berlin: Diaphanes 2009, S. 256.

[9] *L'Abécédaire de Gilles Deleuze* ist eine fast achtstündige Interview-Serie von Claire Parnet mit Gilles Deleuze, die von Pierre-André Boutang 1988 für das französische Fernsehen produziert wurde. Die Erstausstrahlung erfolgte 1996.

[10] UA: 06.02.2010 / Nationaltheater Mannheim / Regie: Marcus Lobbes; ED in: Kathrin Röggla: *besser wäre: keine. Essays und Theater.* Frankfurt/M.: S. Fischer 2013, S. 333–382.

[11] UA: 11.01.2013 / Staatstheater Stuttgart / Regie: Andres Veiel. *Das Himbeerreich* basiert auf Interviews mit ehemaligen und aktiven Bankern aus den Führungsetagen großer Finanzinstitute. Aus dem Gesprächsmaterial wurde der Spieltext für sechs fiktive Figuren generiert: fünf Investmentbanker, darunter eine Frau, sowie deren Chauffeur.

[12] Am 25.04.2013 fand im Akademietheater Prinzregententheater (München) unter dem Titel *Von Neuem Handeln* erstmals ein Akademietag der Bayerischen Theaterakademie August

Everding zusammen mit dem Bayerischen Rundfunk (Bayern 2) statt. Autoren, Theater- und Radiomacher sollten diskutieren, wie das Theater neues Handeln anstoßen und kritisch begleiten kann. Neben Vorträgen von Jörg Bochow, Mathias Greffrath, Hans-Werner Kroesinger, Kathrin Röggla, Hans-Thies Lehmann sowie Laura Schäffer und Jan Philip Steimel (machina eX) diskutierten u. a. Barbara Vinken und Klaus Zehelein zur Frage „Wie gestaltet Theater Gegenwart?"

13 Carl Hegemann kam zur Spielzeit 2011/2012 als Dramaturg an das Thalia Theater Hamburg. Im November 2011 lud das Thalia Theater, auch auf Hegemanns Initiative, das Publikum zur Beteiligung an der Spielplangestaltung ein. In der Pressemitteilung vom 03.11.2011 hieß es: „Spielplanwahl für die Saison 2012/2013. Das Publikum macht Vorschläge. Wir nehmen sie an. Partizipation ist erwünscht am Thalia Theater, mehr denn je. Bis zum 16. Dezember bietet es seinen Zuschauern eine einzigartige Möglichkeit: Sie können den Spielplan für die Saison 2012/2013 mitbestimmen. Vier Positionen der acht Neuinszenierungen sind frei wählbar. Es gibt lediglich eine Einschränkung: Das gewünschte Stück oder auch die Roman- oder Filmvorlage darf in den vergangenen fünf Jahren nicht im Thalia-Programm gespielt worden sein. [...] Eine der vier Inszenierungen unterliegt dem Minderheitenschutz, das bedeutet, ein besonders origineller oder wichtiger Vorschlag wird unabhängig von der Stimmenzahl ausgewählt. Die Teilnahme ist per Post und Urnenwahl [...] oder per Mail spielplan@thalia-theater.de möglich. Ab dem 4. November kann die Wahl beginnen." (Ursula Steinbach: Pressemitteilung – Spielplanwahl für die Saison 2012/2013. Hamburg, 03.11.2011; online: www.thalia-theater.de/uploads/Spielplanwahl_2012_2013.pdf). Zur Debatte um die Abstimmung vgl. u. a.: Carl Hegemann/ Joachim Lux/Armgard Seegers: *Darf Publikum über Theater entscheiden? Deutschlandpremiere: Das Thalia-Theater lässt Zuschauer über Teile des Spielplans abstimmen. Ein Streitgespräch über Sinn und Unsinn der Aktion.* In: Hamburger Abendblatt v. 12.12.2011; Till Briegleb: *Von wegen Schwarmintelligenz. Das Hamburger Thalia Theater hat öffentlich über seinen Spielplan abstimmen lassen – das Ergebnis ist ein Reinfall.* In: *Süddeutsche Zeitung* v. 20.12.2011.

14 In *L'Invention du Quotidien* (1980; dt.: *Kunst des Handelns*), einer soziologischen Theorie des Alltagslebens und des Verbraucherverhaltens, untersucht Michel de Certeau (1925–1986) grundlegende Techniken, Tricks, Finten und Listen von Verbrauchern, die die Alltagskultur etablieren.

15 Vgl. das als pdf zugängliche Material zu *Schleudergang neue Dramatik. Symposium zur Zukunft der zeitgenössischen Dramatik* vom 09. bis 11. Oktober 2009 im Haus der Berliner Festspiele (http://archiv2.berlinerfestspiele.de/media/2010/theatertreffen_4/schleudergang/schleudergang09_material.pdf), unpag. Bl. 6: „2008 fanden die ersten frei und unabhängig vom öffentlichen Theaterbetrieb organisierten DramaTischTage im Orphtheater in Berlin statt. Seit Herbst 2007 beschäftigen sich die Autoren Katharina Schlender, Rolf Kemnitzer und Andreas Sauter intensiv und engagiert mit den Arbeitsbedingungen zeitgenössischer Dramatiker. Sie forderten – im Namen aller Autoren – ‚mehr Pflege' und formulierten zehn vornehmlich an die Theater gerichtete Forderungen, um die Arbeitsbedingungen der Autoren zu verbessern: ‚10 Wünsche für ein zukünftiges Autorentheater'." Das Manifest findet sich unter: www.nachtkritik.de/index.php?id=447:10-wuensche-fuer-ein-kuenftiges-autorentheater-mit-der-bitte-um-unterschrift-und-unterstuetzung&option=com_content&Itemid=84).

16 UA: 03.10.2013 / Schauspiel Leipzig / Regie: Dieter Boyer; bisher ungedruckt.

17 Lenssen: *Liste* (1983), S. 244.

18 Vgl. Roland Barthes: *Die Lust am Text.* Aus d. Frz. v. Traugott König. 6. Aufl. Frankfurt/M.: Suhrkamp 1990, S. 13.

19 „Ich glaube grundsätzlich, daß Literatur dazu ist, dem Theater Widerstand zu leisten. Nur wenn ein Text nicht zu machen ist, so wie das Theater beschaffen ist, ist er für das Theater produktiv oder interessant." Heiner Müller: *Literatur muss dem Theater Widerstand leisten. Ein Gespräch mit Horst Laube über die Langweiligkeit stimmiger Stücke und eine neue Dramaturgie, die den Zuschauer bewußt fordert.* In: Ders.: *Werke. Bd. 10: Gespräche 1: 1965–1987.* Hg. v. Frank Hörnigk. Frankfurt/M.: Suhrkamp 2008, S. 52–73, hier S. 57.

20 Herbert Fritsch: *Ohne Titel Nr. 1. Eine Oper.* UA: 22.01.2014 / Volksbühne Berlin / Regie: Herbert Fritsch.

21 Premiere: 27.10.2013, Schauspielhaus Stuttgart. Die anonyme Kritik auf nachtkritik.de notierte etwa: „Der Stillstand dieser Tschechow'schen Gesellschaft, die sich da auf einem Landgut um einen mediokren Professor schart (den Elmar Roloff mit zerquälter Kraft vor dem Klischee der Witzfigur bewahrt), wird in mitunter nervtötender Langsamkeit zelebriert" (www.nachtkritik.de/index.php?option=com_content&view=article&id=8681%3Aonkelwanja-&catid=39%3Aschauspiel-stuttgart&Itemid=99).

22 Frank M. Raddatz: *Erobert euer Grab! Die Zukunft des Theaters nach der Rückkehr aus der Zukunft.* In: *Lettre International* Nr. 104, Frühjahr 2014, S. 84–91.

23 Raddatz: *Grab* (2014), S. 88.
24 Heiner Müller: *Ein Gespräch zwischen Wolfgang Heise und Heiner Müller*. In: Ders.: *Werke. Bd. 10: Gespräche 1: 1965–1987*. Hg. v. Frank Hörnigk. Frankfurt/M.: Suhrkamp 2008, S. 496–521, hier S. 514. Raddatz zitiert diese Passage in: Raddatz: *Grab* (2014), S. 88.
25 Raddatz: *Grab* (2014), S. 88.
26 Bernd Stegemann: *Kritik des Theaters*. Berlin: Theater der Zeit 2013.
27 Ijoma Mangold / Thomas Oberender: „*Die alten Schemata greifen nicht mehr*". *Steht die Kultur vor dem Kollaps? Ein Gespräch mit Thomas Oberender, dem Intendanten der Berliner Festspiele, über Etats, Konzepte und Arbeitsbedingungen*. In: *Die Zeit* (49/2003) v. 08.12.2013.
28 Mangold / Oberender: *Schemata* (2013).
29 Raddatz: *Grab* (2014), S. 88.
30 Vgl. Alexander Kluge: *Gelegenheitsarbeit einer Sklavin. Zur realistischen Methode*. Frankfurt/M.: Suhrkamp 1975, S. 216: „Ein Verehrer der Wirklichkeit läßt diese, wie sie ist, geht z. B. darin spazieren, ‚lebt'. Scheinbar hat er eine kongruente Beziehung – es kommt zu keinem Protest. Das ist jedoch ein Irrtum. [...] Das Motiv für Realismus ist nie Bestätigung der Wirklichkeit, sondern Protest."
31 Roland Barthes: *Die Vorbereitung des Romans. Vorlesung am Collège de France 1978–1979 und 1979–1980*. Hg. v. Éric Marty. Texterstellung, Anmerkungen u. Vorwort v. Nathalie Léger. Aus d. Frz. v. Horst Brühmann. Frankfurt/M.: Suhrkamp 2008, S. 237–240.
32 UA: 16.10.2002 / Volkstheater Wien / Regie: Tina Lanik; ED: Dies.: *fake reports*. In: *Theater, Theater. Aktuelle Stücke 13*. Hg. v. Uwe B. Carstensen u. Stefanie von Lieven. Frankfurt/M.: S. Fischer 2003, S. 387–434.
33 Vgl. Stegemann: *Kritik* (2013), S. 95 u. a.: „Im griechischen Begriff der Mimesis ist die Dialektik von Nachahmung, Darstellung und Ausdruck bedacht. Erst die römische ‚Imitatio' vereinfacht sie zu einer Spiegelung der Realität".
34 Die Formulierung Stegemanns lautet im Detail: „Wenn man heute Theater macht, stellt sich die Frage: Welchen Weg muss man in einer Probenarbeit beschreiten, damit das, was am Ende auf der Bühne den Abend strukturiert, mehr ist als die Bestätigung der ästhetischen Intelligenz der Zuschauer? Denn das wäre eine zutiefst affirmative Geste, die allein ein bestimmtes Selbstbild feiert. Dieses Selbstbild ist das des Eigentümers. Eines Eigentümers an seinen eigenen seelischen Fertigkeiten, seiner eigenen Bildungsgeschichte, also seiner Stellung in der Gesellschaft und seiner Stellung innerhalb des Regimes des Kapitalismus. Diesem Narzissmus gegenüber dem eigenen symbolischen und realen Kapital wird gehuldigt, wenn auf der Bühne Ereignisse produziert und vorgeführt werden, die die Wahrnehmungsfähigkeit des Zuschauenden oszillieren lassen. Er fühlt sein Fühlen, er hört sein Hören, er wird sich seiner Komplexität behaglich bewusst." In: Frank M. Raddatz / Bernd Stegemann: *Das Ende der Versöhnung. Schuld, Schmerz und Widersprüche sicht- und fühlbar zu machen ist die Zukunftsaufgabe des Theaters. Ein Gespräch*. In: *Theater der Zeit* 4/2014, S. 26–27.
35 Während des Akademietags im Prinzregententheater in München im Frühjahr 2013 (s. Anm. 12).
36 Vgl. etwa Milo Rau: *Die Zürcher Prozesse / Die Moskauer Prozesse*. Berlin: Verbrecher Verlag 2014, sowie: Ders.: *Hate Radio*. Berlin: Verbrecher Verlag 2014.
37 Vgl. etwa: Rimini Protokoll: *ABCD. Saarbrücker Poetikdozentur für Dramatik*. Hg. v. Johannes Birgfeld. Berlin: Theater der Zeit 2012.
38 Barthes: *Vorbereitung* (2008), S. 239.
39 Anonymus: *Vorwort*. In: Heinrich Geiselberger / Tobias Moorstedt (Redaktion): *Big Data. Das neue Versprechen der Allwissenheit*. Berlin: Suhrkamp 2013, S. 7–20, hier S. 12.
40 Barthes: *Lust* (1990), S. 46.
41 Vgl. Markus Metz / Georg Seeßlen: *Blödmaschinen: Die Fabrikation der Stupidität*. Berlin: Suhrkamp 2011, sowie: Dies.: *Kapitalismus als Spektakel: Oder Blödmaschinen und Econotainment*. Berlin: Suhrkamp 2012.
42 Vgl. zu dem Projekt *Ausländer raus! Schlingensiefs Container* im Rahmen der Wiener Festwochen 2000: Matthias Lilienthal / Claus Philipp: *Schlingensiefs Ausländer raus. Bitte liebt Österreich. Dokumentation*. Frankfurt/M.: Suhrkamp 2000.
43 Deleuze zitiert hier Marcel Prousts *Contre Sainte-Beuve* (ED 1954; dt.: *Gegen Sainte-Beuve*), vgl. Gilles Deleuze: *Kritik und Klinik*. Aus d. Frz. v. Joseph Vogl. Frankfurt/M.: Suhrkamp 2000, S. 7.
44 Deleuze: *Kritik* (2000), S. 16.
45 Alexander Kluge: *Intimität. Lob der Mündlichkeit*. In: Bund der Kriegsblinden Deutschlands/Filmstiftung Nordrhein-Westfalen (Hg.): *HörWelten. 50 Jahre Hörspielpreis der Kriegsblinden 1952–2001*. Red.: Hans-Ulrich Wagner u. Uwe Kammann. Berlin: Aufbau 2001, S. 222–224.
46 Vielleicht ausgehend und geschult von dem, was Heiner Goebbels in seiner *Ästhetik der Abwesenheit* beschreibt, die er und Künstler wie Robert Wilson aber rein immanent ästhe-

tisch entwickelt haben. Ich gehe da mittlerweile sozusagen inhaltlicher ran. Meine Abwesenheiten haben eine politischere Funktion, aber da steckt auch ein Generationenproblem dahinter. Bei Heiner Goebbels zumindest handelt sich diese Abwesenheit noch um eine Form der Freiheit, die bei mir in eine Art negativen Verlust umgeschlagen ist, eine neoliberale „Strategie der Schlange" (vgl. Gilles Deleuze, *Postskriptum über die Kontrollgesellschaften*), sich unsichtbar und unangreifbar zu machen.

ZWEITE VORLESUNG
Karten und ihr Gegenteil
Seite 34 – 62

47 Vgl. Ulrike Herrmann: *Hurra, wir dürfen zahlen. Der Selbstbetrug der Mittelschicht.* Frankfurt/M.: Westend 2010.

48 John Jeremiah Sullivan: *Pulphead. Essays.* New York: Farrar, Straus and Giroux 2011 (dt.: *Pulphead. Vom Ende Amerikas.* Berlin: Suhrkamp 2012).

49 In Heiner Goebbels' *Ästhetik der Abwesenheit* (Berlin: Theater der Zeit 2012, S. 39) fand ich ein schönes Zitat von Canetti wieder: „Immer, wenn man ein Tier genau betrachtet, hat man das Gefühl, ein Mensch, der drinsitzt, macht sich über einen lustig."

50 Vgl. Frank Schätzing: *Der Schwarm. Roman.* Köln: Kiepenheuer & Witsch 2004.

51 UA: 15.05.2012 / Akademietheater Wien / Regie: Luc Bondy; ED: Peter Handke: *Die schönen Tage von Aranjuez. Ein Sommerdialog.* Berlin: Suhrkamp 2012. Für den Dialog von Mann und Frau beschreibt Handke eine schlichte, sich nicht ändernde Szenerie: „Und wieder ein schöner Sommertag. Und wieder eine Frau und ein Mann an einem Tisch im Freien, unter dem Himmel. Ein Garten. Eine Terrasse. Unsichtbare, nur hörbare Bäume, mehr Ahnung als Gegenwart, in einem sachten Sommerwind, welcher, von Zeit zu Zeit, die Szenerie rhythmisiert. Der Tisch ist ein Gartentisch, ziemlich groß, und Mann und Frau sitzen sich da im Abstand gegenüber" (S. 7).

52 Heiner Müller: *Bildbeschreibung.* In: Ders.: *Werke. Bd. 2: Die Prosa.* Hg. v. Frank Hörnigk. Frankfurt/M.: Suhrkamp 1999, S. 112–119.

53 Heiner Müller: *Verkommenes Ufer Medeamaterial Landschaft mit Argonauten.* In: Ders.: *Werke. Bd. 5: Die Stücke 3.* Hg. v. Frank Hörnigk. Frankfurt/M.: Suhrkamp 2002, S. 71–84.

54 Das Ergebnis seines Experiments veröffentlichte Zak Ziebell unter: www.reddit.com/r/MapPorn/comments/1tz4t9/i_had_30_people_draw_a_map_of_the_world_from bzw. unter: http://i.imgur.com/HCpoKlg.jpg.

55 Pia Frey: *Wenn US-Studenten eine Weltkarte zeichnen.* In: *Die Welt* v. 18.01.2014.

56 Vgl. zum Projekt näher: Rimini Protokoll: *ABCD* (2012), S. 20.

57 Roland Schimmelpfennig: *Die arabische Nacht.* In: Ders.: *Die Frau von früher. Stücke 1994–2004.* Mit e. Vorwort v. Peter Michalzik. Frankfurt/M.: Fischer 2004, S. 305–342 (UA: Staatstheater Stuttgart (Theater im Depot) 03.02.2001, Regie: Samuel Weiss); Ernst Jandl: *Aus der Fremde. Sprechoper in sieben Szenen.* Darmstadt: Luchterhand: 1980 (UA: Schauspielhaus Graz 28.09.1979, Regie: Rainer Hauer); Forced Entertainment: *Void Story*, UA: Soho Theatre, London 21.04.2009 („*Void Story* follows a beleaguered pair of protagonists on a rollercoaster ride through the decimated remains of contemporary culture. Navigating one terrible cityscape after another, mugged, shot at and bitten by insects, pursued through subterranean tunnel systems, stowed away in refrigerated transport, shacked up in haunted hotels and lost in wildernesses, backstreets and bewildering funfairs, they travel to the centre of a night so intense that there are no stars to be seen", www.forcedentertainment.com/page/144/Void-Story/70).

58 Tim Etchells: *The Broken World.* London: William Heinemann 2008 (dt.: *Broken World. Roman.* Berlin Zürich: Diaphanes 2010). Eine der Hauptbeschäftigungen des Protagonisten ist, im Internet für ein komplexes Online-Spiel für andere Spieler einen Wegweiser, eine Komplettlösung, ein *walkthrough* zu verfassen.

59 Vgl. Müller: *Bildbeschreibung* (1999).

60 *NICHT HIER oder die kunst zurückzukehren.* UA: 15.09.2011 / Staatstheater Kassel / Regie: Leopold von Verschuer; ED in: Kathrin Röggla: *besser wäre: keine. Essays und Theater.* Frankfurt/M.: S. Fischer 2013, S. 125–184.

61 Rainer Merkel: *Bo. Roman.* Frankfurt/M.: S. Fischer 2013. Ders.: *Das Unglück der anderen. Kosovo, Liberia, Afghanistan.* Frankfurt/M.: S. Fischer 2012.

62 Vgl. etwa: Hans-Werner Kroesinger: *Ruanda Revisited.* UA: 08.01.2009 / Hebbel am Ufer 3, Berlin / Regie: Hans-Werner Kroesinger, oder: Ders.: *Darfur – Mission Incomplete.* UA: 14.01.2011 / Hebbel am Ufer 3, Berlin / Regie: Hans-Werner Kroesinger.

63 Christoph Marthaler: *Lina Böglis Reise. Ein Abend von Christoph Marthaler nach Texten von Lina Bögli.* UA: 01.09.1996 / Wartesaal des Badischen Bahnhofs, Basel / Regie: Christoph Marthaler.

[64] Vgl. dazu: Anonymus: *Ariane Mnouchkine/Le Théâtre du Soleil: Le Dernier Caravansérail – Odyssées*. In: *Berliner Zeitung* v. 27.05.2005: „[Ariane Mnouchkines] neuestes Projekt *Le dernier Caravansérail – Odyssées* über Flüchtlinge aus Kriegs- und Krisengebieten bereitete sie seit 2001 vor. In über 400 Gesprächen in Flüchtlingslagern rund um den Erdball hat Ariane Mnouchkine mit ihrer Dramaturgin Hélène Cixous die Schicksale von Menschen aufgezeichnet, denen durch Kriege und Armut ihre Lebensgrundlage entzogen wurde. Schauspieler aus ihrem eigenen Ensemble, die teils selbst als Flüchtlinge nach Frankreich kamen […], fungierten als Übersetzer bei der theatralischen Dokumentation. *Le fleuve cruel*, der erste Teil von *Le dernier Caravansérail*, wurde 2003 für das Festival d'Avignon produziert. Anschließend ist aus der Fülle an Material der zweite Teil *Origines et destins* entstanden. Die Geschichten werden laufend aktualisiert, erweitert, parallel erzählt und kommen in Form von wiederkehrenden Short cuts und Close ups auf die Bühne."

[65] Vgl. www.forcedentertainment.com/page/144/Void-Story/70: „Forced Entertainment perform the bleak and comical contemporary fable of *Void Story* as if it were a radio play, sitting at tables, turning the pages of the script, 'doing' the requisite voices and adding in sound effects for gunshots, rain and bad phone-lines. Simultaneously the otherwise empty stage is dominated by a series of projected images, a storyboard for an impossible movieversion of Tim Etchells' uniquely unsettling text. Somewhere between the live dialogue, the recorded sound effects and the collaged images attempting to visualise the narrative, is where *Void Story* actually takes place."

[66] Vom 20. bis 22. November 2009 fand im Rahmen des Münchner SPIELART-Festivals im Haus der Kunst die Veranstaltung *Woodstock of Political Thinking* statt. Ausgehend von der Frage, „Wie sieht die Zukunft des politischen Denkens aus?", kamen Künstler, Wissenschaftler, Kuratoren und Kunstvermittler zusammen, um u. a. die spezifische Rolle von Performance im politischen Diskurs zu untersuchen. Eine Dokumentation erschien 2010: Tilmann Broszat/Sigrid Gareis/Julian Nida-Rümelin/Michael M. Thoss (Hg.): *Woodstock of Political Thinking. Im Spannungsfeld zwischen Kunst und Wissenschaft.* Berlin: Theater der Zeit 2010.

[67] René Pollesch: *Kill your Darlings! Streets of Berladelphia*. In: Ders.: *Kill Your Darlings. Stücke.* Mit einer Laudatio von Diedrich Diederichsen. Reinbek: Rowohlt 2014, S. 285–322, hier S. 307–308.

[68] Die Uraufführung von *Kill your Darlings! Streets of Berladelphia* mit Fabian Hinrichs in der Hauptrolle fand am 18.01.2012 an der Volksbühne Berlin statt.

[69] Nils Minkmar: *Der Zirkus: Ein Jahr im Innersten der Politik*. Frankfurt/M.: S. Fischer 2013; Yasmina Reza: *L'aube le soir ou la nuit*. Paris. Flammarion 2007 (dt.: *Frühmorgens, abends oder nachts*. München: Hanser 2008.); Günter Grass: *Aus dem Tagebuch einer Schnecke*. Neuwied: Luchterhand 1972.

[70] Tobias Moorstedt: *Obamas Datenakrobaten*. In: Geiselberger / Moorstedt (Red.): *Big Data* (2013), S. 35–54.

[71] Vgl. Richard Sennett: *Together. The Rituals, Pleasures and Politics of Cooperation*. New Haven/Conn.: Yale University Press 2012 (dt.: *Zusammenarbeit. Was unsere Gesellschaft zusammenhält*. Berlin: Hanser 2012).

[72] Das *Jahrbuch für direkte Demokratie* erscheint seit 2009 im Nomos Verlagsgesellschaft.

[73] Colin Crouch: *Post-Democracy*. Cambridge: Polity 2004 (dt.: *Postdemokratie*. Frankfurt/M.: Suhrkamp 2008).

[74] Vgl. Jacques Rancière: *Demokratie und Postdemokratie*. In: Alain Badiou / Rado Riha (Hg.): *Politik der Wahrheit*. Wien: Turia + Kant 1997, S. 94–122.

[75] Ingolfur Blühdorn: *Simulative Demokratie. Neue Politik nach der postdemokratischen Wende*. Berlin: Suhrkamp 2013.

[76] Blühdorn: *Demokratie* (2013), S. 18.

[77] Blühdorn: *Demokratie* (2013), S. 39–40.

[78] Vgl. auch dazu: Blühdorn: *Demokratie* (2013), S. 41–42.

[79] Vgl.: „Eine Fotografie der Kruppwerke oder der AEG ergibt beinahe nichts über diese Institute. Die eigentliche Realität ist in die Funktionale gerutscht. Die Verdinglichung der menschlichen Beziehungen, also etwa die Fabrik, gibt die letzteren nicht mehr heraus." Bertolt Brecht: *Der Dreigroschenprozess*. In: Ders.: *Werke. Große kommentierte Berliner und Frankfurter Ausgabe Bd. 21: Schriften I.* Hg. v. Werner Hecht, Jan Knopf, Werner Mittenzwei u. Klaus-Detlef Müller. Berlin / Weimar / Frankfurt/M.: Aufbau / Suhrkamp 1992, S. 448–514, hier S. 469.

[80] Stéphane Hessel: *Indignez-vous!* Montpellier: Indigene 2010 (dt.: *Empört euch!* Berlin: Ullstein 2011); *L'Insurrection qui vient* wurde 2007 von unbekannten Verfassern mit der Autorangabe *Comité invisible* veröffentlicht. Der 2009 überarbeitete Essay verbreitete sich erst über das Internet und erschien 2010 auch in deutscher Übersetzung in Buchform (Hamburg: Edition Nautilus).

[81] 20.03.2014: Podiumsgespräch mit Kathrin Röggla, Mariette Navarro und Leopold von Verschuer am Institut Français Berlin im Rahmen der Gesprächsreihe *Über „Revolte"*.

82 Mariette Navarro: *Nous les vagues*. UA: 14.03.2012 / Théatre de la Tête Noire, Saran / Regie: Patrice Douchet; dt. ED: *Wir Wellen*. Aus d. Frz. v. Leopold von Verschuer. Berlin: Matthes & Seitz 2014.

83 Im Rahmen des SWR2-Forums *Demokratie – Aber Welche?* während der 17. Schillertage in Mannheim (21.–29.06.2013) diskutierten am 25.06.2013 unter dem Titel *Schiller und das Kollektiv* Alexander Karschnia, Kathrin Röggla und Rüdiger Safranski.

84 Vgl. Anmerkung 12.

85 Vgl.: *Die Gerechten / Occupy* von Albert Camus und dem Ensemble. Deutsch von Hinrich Schmidt-Henkel. Spielfassung von Jörg Bochow, Volker Lösch und dem Ensemble. UA: 19.05.2012 / Schauspielhaus Stuttgart / Regie: Volker Lösch. – Im Rahmen der Proteste gegen den Stuttgarter Bahnhofsumbau („Stuttgart 21") beteiligte sich Lösch an den Stuttgarter Montagsdemonstrationen mit einem ‚Stuttgarter Bürgerchor', der Texte von Peter Weiss und Bürgerparolen skandierte, und regte im Juli 2010 zusammen mit dem Schauspieler Walter Sittler den Stuttgarter „Schwabenstreich" an, allabendlichen Protestlärm um 19 Uhr (vgl. Ulrike Kahle-Steinweh: *Von der Lust, auf Topfdeckel zu schlagen*. In: *Theater heute* 11/ 2010, S. 47–51).

86 Die Wiesbadener Biennale 2014 hatte zumindest „Rebellion" als Thema, auch eine Variante.

87 Vgl. Oswald Spenglers *Der Untergang des Abendlandes – Umrisse einer Morphologie der Weltgeschichte*, erschienen in 2 Bänden 1918 und 1922 in Wien und München.

88 *The Wave*, Roman aus dem Jahr 1981 von Morton Rhue (dt.: *Die Welle. Bericht über einen Unterrichtsversuch, der zu weit ging*. Ravensburg: Maier 1984.)

89 Vgl. in Pollesch: *Kill* (2014) die variierte Wiederholung der Ausrufe „es fehlt uns was" (S. 288), „es reicht uns nicht, es reicht uns nicht […]. Es fehlt etwas" (S. 289), „Es fehlt etwas I Es fehlt etwas I Es fehlt etwas" (S. 290), „Das reicht uns nicht I Das reicht uns nicht I Das reicht uns nicht I Das reicht uns nicht I Es fehlt etwas" (S. 291) oder „Da fehlt doch was" (S. 310).

90 Der Originaltitel war: *In girum imus nocte et consumimur igni* (1978).

91 Blühdorn: *Demokratie* (2013), S. 15.

92 Franz Kafka: *Schriften, Tagebücher, Briefe. Kritische Ausgabe: Nachgelassene Schriften und Fragmente I*. Hg. v. Malcolm Pasley. Frankfurt/M.: S. Fischer 1993, S. [14].

93 Kafka: *Schriften* (1993), S. [14].

94 Blühdorn: *Demokratie* (2013), S. 133.

95 Vgl. Richard Sennett: *The Corrosion of Character. The personal consequences of work in the new capitalism*. London/New York: Norton 1998. (dt.: *Der flexible Mensch. Die Kultur des neuen Kapitalismus*. Berlin: Berlin Verlag 1998.)

96 Robert D. Putnam: *Bowling Alone. The Collapse and Revival of American Community*. New York: Simon & Schuster 2000.

DRITTE VORLESUNG
Blinde Flecken
Seite 64 – 88

97 Am 25.05.2014 stimmte in einem Volksentscheid in Berlin eine Mehrheit gegen Pläne zur Bebauung des Tempelhofer Feldes.

98 Vgl. die Anfangsszene von Federico Fellinis 8½ (1963).

99 Am 02.03.2014 hielt Sibylle Lewitschroff im Staatsschauspiel Dresden auf Einladung des Staatsschauspiels Dresden und der *Sächsischen Zeitung* die sogenannte „Dresdner Rede" *Von der Machbarkeit. Die wissenschaftliche Bestimmung über Geburt und Tod*. Lewitscharoff äußerte sich darin u. a. über Formen der nicht natürlichen Kindszeugung: „Absolut grauenerregend ist auch die Praxis, ein Kind durch eine Leihmutter austragen zu lassen", und: „Mit Verlaub, angesichts dieser Entwicklungen kommen mir die Kopulationsheime, welche die Nationalsozialisten einst eingerichtet haben, um blonde Frauen mit dem Samen von blonden blauäugigen SS-Männern zu versorgen, fast wie harmlose Übungsspiele vor. Ich übertreibe, das ist klar, übertreibe, weil mir das gegenwärtige Fortpflanzungsgemurkse derart widerwärtig erscheint, dass ich sogar geneigt bin, Kinder, die auf solch abartigen Wegen entstanden sind, als Halbwesen anzusehen" (www.staatsschauspiel-dresden.de/download/18986/dresdner_rede_sibylle_lewitscharoff_final.pdf, S. 12). Die Rede löste heftige Diskussionen aus und Lewitscharoff entschuldigte sich (vgl. Hubert Spiegel: *Keine Halbwesen. „Zweifelhafte Geschöpfe": Mit ihren Aussagen zur künstlichen Befruchtung sorgte Sibylle Lewitscharoff für Aufsehen. Mittlerweile erhielt sie für ihre Rede von überall her Kritik. Die Autorin selbst hat sich unterdessen entschuldigt*. In: *FAZ* v. 07.03.2014).

100 2009 publizierten Juli Zeh und Ilja Trojanow gemeinsam den Essay: *Angriff auf die Freiheit. Sicherheitswahn, Überwachungsstaat und der Abbau bürgerlicher Rechte* (München:

Hanser). Beide gehörten zudem u. a. 2013 zu den Mitinitiatoren des internationalen Aufrufs *Writers Against Mass Surveillance* gegen die Gefahren der systematischen Massenüberwachung, der am 10.12.2013 in über 30 internationalen Zeitungen veröffentlicht wurde, unterzeichnet von 562 Autoren aus aller Welt (vgl. dazu u. a.: Anonymus: *Schriftsteller gegen NSA. Aufruf gegen Massenüberwachung.* In: *Der Tagesspiegel* v. 10.12.2013).

[101] Hans-Werner Kroesinger: *FRONTex SECURITY*. UA: 13.12.2013 / Hebbel am Ufer, Berlin: „Nach 9/11 ist Sicherheit zu einem der Hauptthemen des 21. Jahrhunderts avanciert. Mittlerweile werden Deutschland und Europa nicht mehr nur am Hindukusch, sondern auch im Mittelmeer verteidigt. Um den Grenzschutz und die Migrantenströme effektiv kontrollieren zu können, grundet die EU am 26.10.2004 eine Agentur namens Frontex. [...] *Failed States One: Somalia*, das im Januar 2013 im HAU zu sehen war, beschäftigte sich mit der militärischen Sicherung von Europas Handelswegen auf dem Wasser. In *FRONTex SECURITY* weitet Hans-Werner Kroesinger das Thema auf die Frage aus, inwieweit das Leben von Flüchtlingen ein schutzenswertes Gut ist. Sicherheit gilt nur noch nach innen und nicht mehr für den Flüchtling, der Schutz sucht. Was bedeutet das für ein Land, das auf Grund seiner Geschichte einmal das liberalste Asylrecht der Welt hatte?" (www.hebbel-am-ufer.de/programm/archiv/f/kroesinger-frontex-security/).

[102] andcompany&Co.: *Orpheus in der Oberwelt: Eine Schlepperoper.* UA: 10.10.2014 / Hebbel am Ufer, Berlin: „Europa macht dicht. [...] Im Südosten übernimmt diese Aufgabe ein Fluss, der durch drei Länder fließt: Evros/Meriç/Marica (auf Griechisch, Türkisch oder Bulgarisch). Als Teil der EU-Außengrenze erlangte dieser Fluss traurige Berühmtheit durch unzählige an seinen Ufern aufgefundene Tote. Zu den Ertrunkenen kommen die Unglücklichen, die in das Minenfeld entlang des griechischen Ufers geraten. Seitdem sich Frontex dieses Grenzabschnitts angenommen hat und den Fluss durch meterhohe Zäune verstärkt hat, müssen die Flüchtlinge wieder die Fahrt übers Mittelmeer wagen. [...] Es handelt sich um das antike ‚Thrakien', das schon in den griechischen Mythen als archaisches Ausland galt. Eines Tages könnte es auch zu Europa gehören, aber noch liegt es, zumindest teilweise, außerhalb. Wie stellt sich Europa aus der Perspektive seiner Mythen dar: Der Weg nach Europa wird zum Gang in die Unterwelt, ins Totenreich. Denn im Fluss Evros trieb laut singend Orpheus' Kopf, nachdem er von den Erinnyen zerrissen wurde. [...] Die mythische Gegend wird mit der aktuellen Realität des Grenzregimes konfrontiert, der zerrissene Leib einer mythischen Figur mit den zerfetzten Körpern namenloser Geflüchteter: re-membering Orpheus" (www.andco.de/index.php?context= project_detail&id=7591).

[103] Vgl. das Gespräch „Das ist der Grund, warum es die Kunst gibt" mit Rolf Bossart in: Ders. (Hg.): *Die Enthüllung des Realen. Milo Rau und das International Institute of Political Murder.* Berlin: Theater der Zeit 2013, S. 14–35.

[104] Oskar Negt und Alexander Kluge: *Maßverhältnisse des Politischen. 15 Vorschläge zum Unterscheidungsvermögen.* S. Fischer 1992.

[105] Am 23.06.2014 diskutierten unter dem Titel *Sichtbarkeit und Unsichtbarkeit der Finanzkrise* um 17 Uhr in der Akademie der Künste Berlin (Hanseatenweg) Andres Veiel, Ulrike Herrmann (taz-Wirtschaftsredakteurin), Ingo Rollwagen (Deutsche Bank Research) und Klaus Staeck.

[106] Aber wenn Veiel sagt: ‚Mein Ziel mit dem *Himbeerreich* war, Verantwortungsbereiche auszumachen, nicht persönlich, sondern strukturell', so scheitere er etwas an seinem Dramaturgiewillen, den der Bankern dann den biographische Motivationen unterstellte. Dieser Dramaturgiewillen ist leider symptomatisch, denn für das Theater ist der Begriff „strukturell" oft abschreckend.

[107] Ricarda Bethke: *Ich bin nicht mal das Volk. Hörspiel.* Ursendung: 10.11.2009 / Deutschlandfunk / Regie: Gabriele Bigott.

[108] Zu den Aktivitäten des „Vorbereitungsbüros" im Rahmen des von der Akademie der Künste Berlin 2013–14 veranstalteten Projekts *Schwindel der Wirklichkeit* informiert die Akademie auf ihrer Webseite: „Gespräche, Performances, Filme, Vorträge, Ausstellungen und Konzerte: Ein Jahr lang stellt die Akademie der Künste die Frage nach der Wirklichkeit. Kunst oder Krieg? Krise oder Fiktion? Leben oder Simulation? Die Künste als Labor der Konstruktion und Dekonstruktion von Wirklichkeit. Im Vorfeld der Ausstellung *Schwindel der Wirklichkeit* und des *Metabolischen Büros zur Reparatur von Wirklichkeit* [...] ([...] Eröffnung 16.09.2014), tagt seit Ende letzten Jahres das Vorbereitungsbüro als Serie von Veranstaltungen und Debatten, jeweils mittwochs um 17:00 Uhr mit Übertragung im Livestream" (www.schwindelderwirklichkeit.de/impressum/).

[109] Theodor W. Adorno: *Gesammelte Schriften. Bd. 7: Ästhetische Theorie.* Hg. v. Gretel Adorno u. Rolf Tiedemann. Frankfurt/M.: Suhrkamp 1970, S. 93.

[110] Vgl. Jörg Häntzschel: *Du kannst nicht mehr untertauchen. Die Masse war ein Versteck – „Big Data" ändert das.* In: *Süddeutsche Zeitung* v. 07.10.2013.

[111] Bröckling: *Selbst* (2007), S. 283.

[112] Hans-Thies Lehmann: *Postdramatisches Theater.* Frankfurt/M.: Verlag der Autoren 1999.

[113] Müller: *Literatur* (2008), S. 52–73, hier S. 57.

[114] Vgl. die Berichtersterstattung auf nachtkritik.de am 31.10.2013: „Der Stückemarkt des Berliner Theatertreffens […] wird in seiner bisherigen Form nicht fortgeführt. Unter dem Label ‚Stückemarkt' werden ab kommendem Jahr ‚drei internationale Theater-Nachwuchskünstler/-gruppen, die neue Formen von theatraler Sprache und außergewöhnliche performative Erzählweisen entwickeln', eingeladen ‚Der Stückemarkt war seinerzeit die erste Dramatikerförderung, und so finde ich es nur logisch, dass das Theatertreffen auch heute voranschreitet und neue Formen der Textentstehung fördert. Während es inzwischen zahlreiche Dramatikerwettbewerbe gibt, werden offene Projektentwicklungen selten gefördert', so Yvonne Büdenhölzer, Leiterin des Theatertreffens, gegenüber nachtkritik.de" (www.nachtkritik.de/index.php?option=com_content&view=article&id=8686%3Atheatertreffen-schafft-stueckemarkt-in-bisheriger-form-ab&catid=126%3Ameldungen-k& Itemid=84).

[115] Zum Theatertreffen 2014 in Berlin waren eingeladen: *Zement* (H. Müller), *Amphitryon und sein Doppelgänger* (n. H. v. Kleist), *Onkel Wanja* (A. Tschechow), *Fegefeuer in Ingolstadt* (M. Fleißer), *Reise ans Ende der Nacht* (L.-F. Céline), *tauberbach* (Alain Platel), *Die letzten Zeugen* (Projekt v. Doron Rabinovici, Matthias Hartmann), *Ohne Titel Nr. 1* (H. Fritsch), *Die Geschichte von Kaspar Hauser* (Carola Dürr u. Ensemble), *Situation Rooms* (Rimini Protokoll).

[116] Vgl. etwa Lehmann: *Theater*, 1999, S. 14.

[117] Und nicht nur der Postdramatik, sondern ebenso ihrer Vorgänger: der historischen Avantgarde, des absurden Theaters, von Punk ebenso – es sind auch im Theater „Lipstick Traces", wie sie Greil Marcus für die Popkultur beschrieben hat, avantgardistische Traditionslinien, die weit zurückreichen. Denn in der Kunst gibt es längere Avantgarde-Traditionen als man in der Lehre der klassischen Ästhetik glauben machen möchte – wie man an Autoren wie Fischart und Rabelais durchaus sehen kann.

[118] Im Rahmen des Projekts *Schwindel der Wirklichkeit* der Akademie der Künste Berlin fand am 04.12.2013 ein Podiumsgespräch *Dokumentartheater heute: Versuche über die unbekannte Gegenwart* in der Akademie der Künste statt mit Helgard Haug, Rolf Hochhuth, Hans-Werner Kroesinger und Milo Rau, moderiert von Thomas Irmer.

[119] Vgl. zum *100%*-Format von Rimini Protokoll: Dies.: *ABCD*, 2012, S. 59–60.

[120] Vgl. etwa in René Polleschs im Juni 2008 in Halle zur Verleihung des ITI-Theaterpreises an Andrzej Wirth gehaltener Laudatio *Der gehörlose Sohn des Musiklehrers*: „Wenn vor Josef Ackermann im Zuschauerraum des Admiralspalastes in Berlin Brechts: ‚Erst kommt das Fressen, dann kommt die Moral' vom singenden Ensemble missverstanden wird als Gebt-allen-was-zu-fressen- oder Bekämpft-den-Hunger-in-der-Welt-Mist, also als Jammern darüber, dass die Moral leider zuletzt kommt, und nicht als radikale Absage an die Moral, dann bleibt Josef Ackermann das radikalere Subjekt. Der weiß längst: Glotzt nicht so romantisch! Glotzt nicht so authentisch! Glotzt nicht so konsensfähig! Und kann es den Schauspielern entgegenrufen und […] auch denken!" (www.nachtkritik.de/index.php?view=article&id=1555%3Alaudatio-auf-andrzej-wirth&option=com_content&Itemid=83).

[121] Jochen Sanio, Präsident der Bundesanstalt für Finanzdienstleistungsaufsicht (BaFin), Rede auf der Jahrespressekonferenz am 15.05.2008 in Bonn.

[122] Thomas E. Schmidt: *Die Wirklichkeit ist anders! Nach dem Ende der Postmoderne wagen Philosophen einen neuen Blick auf die Welt. Unter dem Schlagwort Neuer Realismus diskutieren sie, wie wir der Beliebigkeitsfalle entkommen können.* In: *Die Zeit* (15/2014) v. 03.04.2014.

[123] Bertolt Brecht: *Geschichten vom Herrn Keuner.* In: Ders.: *Werke. Große kommentierte Berliner und Frankfurter Ausgabe Bd. 18: Prosa 3.* Hg. v. Werner Hecht, Jan Knopf, Werner Mittenzwei und Klaus-Detlef Müller. Berlin / Weimar / Frankfurt/M.: Aufbau / Suhrkamp 1995, S. 11–43, hier S. 24.

[124] Den Vortrag *Und nach den Endspielen? – Plädoyer für ein Theater der Zukunft* hielt Kevin Rittberger (Dramatiker, Regisseur) im Studiofoyer der Akademie der Künste Berlin am 02.04.2014. Im Anschluss sprach er mit der Kulturwissenschaftlerin Karin Harrasser (Linz) und dem Musiker und Komponisten Volker Zander (Köln).

[125] Übrigens eine sehr merkwürdige Formulierung. Was heißt das: Den Schatten vorauswerfen? Welchen Sonnenstand braucht es dazu?

[126] So z. B. Steffen Groß im *Merkur* (3/2014): „*The Map is Not the Territory!" Modelle und Modellbildung in der Volkswirtschaftslehre*, S. 267–272.

[127] Vgl. Arno Schmidt: *Berechnungen.* In: Ders.: *Bargfeler Ausgabe. Werkgruppe III: Essays und Biographisches, Bd. 3: Essays und Aufsätze 1.* Hg. v. der Arno Schmidt Stiftung. Zürich: Haffmans 1995, S. 101–106. Schmidt entwirft darin Modelle für Prosaformen zwecks einer „systematischen Weiterentwicklung" der seit „dem 18. Jahrhundert" „gebräuchlichen Prosaformen" (ebd., S. 101).

[128] By the way, es heißt, Arno Schmidt habe in seinen späten Jahren Otto-Versandkataloge bestellt und die abgebildeten Models als Vorlage für seine Figuren verwendet, was seinen

Texten überhaupt keinen Abbruch tat. Mir als Leserin ist das völlig egal – das „richtige" Bild entsteht trotzdem bei der Lektüre der Schmidt'schen Texte.

[129] Erstaunlicherweise wurde in den Diskussionen zur Saarbrücker Poetikdozentur, aber auch in den Gesprächen mit Theatermachern im Sommer 2014 die Didaktik wieder als ernstzunehmende ästhetische Größe eingefordert, was ich absolut nicht nachvollziehen kann.

[130] Bossart/Rau: *Grund* (2013), S. 16.

[131] Vgl. Bossart/Rau: *Grund* (2013), S. 27–30.

[132] Bossart (Hg.): *Enthüllung,* 2013.

[133] Wie der berühmte situationistische Film (1978) von Guy Debord vorschlägt: „In girum imus nocte et consumimur igni –Wir irren des Nachts im Kreis umher und werden vom Feuer verschlungen".

NACHWORT

I.

Kathrin Rögglas im Juni und Juli 2014 in Saarbrücken im Rahmen der von ihr – nach Rimini Protokoll (2012) und Roland Schimmelpfennig (2013) – übernommenen 3. Saarbrücker Poetikdozentur für Dramatik[1] gehaltenen drei öffentlichen Vorträge gehören zweifellos zu den herausragenden und herausforderndsten Reflexionen über das Theater der Gegenwart aus den letzten Jahren. Geleitet vom unbedingten Willen, die Möglichkeiten und Grenzen eines den gesellschaftlichen Entwicklungen der Gegenwart ästhetisch angemessenen Theaters zu erkunden, bieten ihre hier abgedruckten Vorlesungen dezidiert *keine* Geschichte ihres eigenen Werkes, sondern fundamentale Überlegungen zum Theater in den sich radikal verändernden gesellschaftlichen Verhältnissen der Gegenwart – fußend auf einem breiten Sockel gesellschaftswissenschaftlicher Analysen der aktuellen Entwicklungen. Dem grundlegenden Problemaufriss fügt Röggla in ihren Vorträgen dabei auf fast jeder Seite neue Perspektiven hinzu und weist diesen so als hochkomplexe Herausforderung aus, deren Lösung weder leicht und schnell zu entwickeln ist noch bereits gefunden wäre. Sie beeindruckt durch die intellektuelle Dichte ihrer Argumentation ebenso wie durch die Entschiedenheit, die Lage der Dinge so genau wie möglich erfassen und vermessen zu wollen – auch wenn sich auf diesem Weg die Entwicklung einer angemessenen Antwort auf die Problemstellung immer weiter zu komplizieren scheint.

So sehr allerdings Kathrin Rögglas Vorträge von einer immer neu ansetzenden Such- und Denkbewegung geprägt sind, so zweifelsfrei lässt sich in ihnen zugleich ein fixes Zentrum, ein außer Frage stehender Ausgangspunkt ausmachen:

Meine schriftstellerische Praxis mag sich auf den ersten Blick nicht mehr mit dem Utopischen in Verbindung bringen lassen, aber es verhält sich sicher so [...], dass ich doch den Wald vor lauter Bäumen noch sehen will, das heißt, ich will Gesellschaft als Zusammenhang verstehen, auch wenn er nicht mehr in der geschlossenen Form beschreibbar ist, wie man es vor dreißig Jahren gemacht hätte. Dies kann ich ganz klassisch nur in Verbindung mit der Hoffnung auf eine gesellschaftliche Veränderung, auf ein Leben, das sozial gerechter

und glücklicher verläuft, wollen. Theater ist mir nicht reines Spiel, es
ist nicht reines Ereignis, es ist kein kritikloses Dabeisein mit der
Wirklichkeit, ich bin kein interesseloser Spaziergänger der Wirklichkeit [...]. Ich will Formen des Sprechens finden, die den Gewaltzusammenhang gesellschaftlicher Verhältnisse deutlicher hervortreten
lassen und gleichzeitig unterlaufen. (22)[2]

Dazu treten weitere Fixpunkte: Rögglas Theater ist dezidiert und konse-
quent literarisch konzipiert. Es gilt, mit jedem Text eine klare „ästhetische Position" zu gewinnen (17), Gebrauch von der „literarische[n]
Sprache" als „Speicher" zu machen, der Perspektiven „auf Zukünftiges
und Vergangenes" ermöglicht (21), die inhärente „Polysemie" literarischen Schreibens zu nutzen (24), immer neu eine „Art Fremdsprache"
zu erarbeiten, ein „Anders-Werden der Sprache" zu erzeugen, eine Art
„Hexenlinie, die aus dem herrschenden System ausbricht" (29):

> Die literarischen Fremdsprachen [...] zielen auf eine relevante Struk-
> tur, sie sind eine Verknüpfung von Gesten gegenüber ihren Zuhö-
> rern, Lesern, die wiederum für die Gesellschaft stehen. Denn
> „Schreiben ist keine private Angelegenheit von irgendwem", [...]
> „Schreiben ist, sich in eine universale Angelegenheit zu stürzen!" [...]
> [Deleuze] fordert den Schriftsteller auf, an die Grenze zu gelangen,
> die die Sprache vom Schweigen trennt [...]. Was genau das sein kann,
> muss immer wieder neu gefunden werden. Die Grenze verläuft nicht
> homogen, sie ist keine einfache Linie. Sie verbindet sich mit anderen
> Grenzen und löst sich wieder von ihnen. (30)

Mindestens genauso wichtig ist drittens eine Festlegung, die eher *ex ne-
gativo* formuliert ist, eine Festlegung auf die konkreten Details der
Wirklichkeit: „Die stummen Allgemeinheiten sind immer erlaubt. Doch
die stummen Allgemeinheiten interessieren nur, wenn man Samuel Beckett heißt, und das tut man nicht immer" (16).[3]

Kathrin Röggla deutet in ihren Vorlesungen an, was ein solches Programm insgesamt in der Praxis ihres Schreibens bedeutet:

> Die Grenze des Schweigens [...] ist vielleicht am ehesten durch das
> Abwesende verdeutlicht, das mich in unterschiedlicher Weise faszi-
> niert hat, weil es meiner Meinung nach gesellschaftlich eine immer
> größere Rolle spielt: Die Verschiebung durch den Konjunktiv, das
> Fehlen einer zentralen Figur, Verrückung durch Rhetorik, durch die
> paradoxe Anwesenheit eines Erzähler-Ichs, das aus den Figuren An-

wesend-Abwesende macht, hängt zusammen mit dem Verlust von Ansprechpartnern, Verantwortungen, Auflösung sozialer Bande, Unübersichtlichkeit sozialer Situationen, Burnouts, Verlustängsten. Die Grenze des Schweigens entsteht an den Rändern der medialen Präsenzen, die auf der Bühne ebenfalls negativ zitiert sein können. Die Sogwirkung der Fehlanzeigen, die Verdichtungen aus der Negation müssen allerdings so gebaut sein, dass sie zwingend sind und eben nicht freundlich oszillierend. (30)

Hier zeigt sich, wie ästhetisch komplex Kathrin Rögglas Unterfangen ist, aber eben auch – und noch wichtiger –: welch eine komplexe Herausforderung jeder Versuch eines ästhetisch zeitgemäßen, in der Literatur fußenden Theaters heute bedeutet. Diese über das eigene Werk hinausführende Perspektive bildet tatsächlich das Zentrum der Vorträge Rögglas, sie macht ihren Kern aus: Theater entsteht nicht im leeren Raum, der ökonomische Diskurs ist schon lange nicht mehr nur ein Leitdiskurs der Gesellschaft, sondern ebenso der „Kreativindustrie" (11).[4] Alles, auch das Theater, steht unter dem Druck zur Flexibilisierung und Mobilisierung. „Zeitdruck" und eine „Sprache der Zeitlosigkeit und Hast" grassieren an den Bühnen wie in der Restgesellschaft, immer neu ist von allem der „Wert zu ermessen" (11–12). Der Theaterautor betreibt Selbstmanagement, versteht sich als „unternehmerische[s] Selbst" (12) – doch existiert dieses überhaupt, ist es nicht nur eine Fiktion, eine „Realfiktion" (79)?

Wie soll, wie kann Theater über konkrete Verhältnisse der Wirklichkeit entstehen, wenn diese sich aktiv der Kenntnisnahme entziehen, wenn „immer größere Bereiche der gesellschaftlichen Organisation [...] unter Schweigeklauseln, unter die Stillschweigeabkommen" fallen, wenn ganze gesellschaftliche Bereiche unsichtbar werden (15)? Wie kann Gesellschaft erfasst und glaubwürdig vermittelt werden, wenn der Alltag von den „gewaltigen Medienstürmen" unserer Gegenwart geprägt ist (26), von Blödmaschinen (28) und einer gewaltigen „Derealisierungsmaschinerie" (75), von „Ausbeutungs- und Infantilisierungswirklichkeiten" (28), von postdemokratischen Zuständen (52, 54), flexiblen Subjekten (61) und der Ersetzung von „Klassenstandpunkt[en]" durch Posing (72), vom „Mainstreamisierungswahnsinn" (75), von Zerstreuung und Ablenkung (76), vom „Spiegelkabinett des *personalized* Internet" (das einen nur sehen lässt, was ihn/sie ohnehin interessiert; 77), von Big Data (das die Erinnerung an alles bewahrt und uns zum Vergessen motiviert, indem wir die Erinnerung auslagern; 78), von „Bürokratien und Expertokratien", in denen die Expertenbefragung „jede argumentative Durchdringung" ersetzt (28) – wenn zugleich die Welt in ihren Grundstrukturen gefährdet scheint?

> Das Wissen, dass sich die rettenden Orte aufgelöst haben, umspült uns täglich, [...] die Ahnung, dass es jeden Augenblick unseren Alltag, den ganz normalen Gang der Dinge nicht mehr geben wird, dass sich jede Sekunde alles auflöst, wie ein Nebel verzieht [...]. Der Berg ist ins Rutschen gekommen, der Finanzkrisenberg, der Klimawandelberg, der Sozialkriegsberg, und hört nicht mehr auf, sich fortzubewegen, über uns hinweg. (42)

Die Konsequenzen sind nicht zu unterschätzen: „Auf was kann sich ein kritisches ästhetisches System noch berufen" (72)? Wenn unsere Wahrnehmung von Zerstreuung bestimmt ist, „wie soll man" mit diesem „Wahrnehmungsmodus" eine „kritische Position einnehmen" (76)? Wenn Big Data unser Leben bestimmt, wie sollen wir es noch analysieren und erfassen: „Ich kann mich im Grunde nur noch selber sehen, während ich von anderen beobachtet werde, ob ich auch nichts falsch mache. Es ist natürlich paradox, dass so jemand etwas Kritisches ausrichten will" (77).

Und wie kann die literarische Durchdringung eines Stoffes, die Entwicklung einer ästhetischen Position angesichts eines stetig zunehmenden „Theaterproduktionsdruck[s]" gelingen (17)? Literatur funktioniert „ganz gewiss nicht nach dem Konkurrenz- und Effizienzprinzip, zumindest nicht alleine, sie folgt genauso gut der Logik der Gabe, des Potlatches und des Überflusses, sie ist ein Versuch der *commons*, des Gemeinschaftsbesitzes" (17). Braucht ein Text, der literarisch in einem ernsthaften Sinn sein will, nicht „Distanz zum Material" (18), Theorie, ästhetische Impulse, kurz: Zeit?

> Theaterstücke zu schreiben ist eine Art, ein Territorium zu erstellen, aber eines, das nicht rein einer herkömmlichen szenischen Vorstellung entspricht. Es ist auf der textlichen Ebene ein Territorium – bestehend aus Sprache, das heißt aus Klang, räumlicher Abstraktion, Rhetoriken, Begegnungen, Idio- und Soziolekten, Fachsprachen, psychischen und sozialen Sprechmotivationen, Schweigen, Fremdsprachen, Verständnis und Unverständnis, Stolpern, Stottern, literarischen Traditionen der Mündlichkeit und Schriftlichkeit, Dramaturgien –, das seinerseits im größeren Territorium der Inszenierung bestehend aus Klang, Körper, Bewegung, Bühnenbild, Spielarten, Lautstärke usw. aufgeht. Der theatrale Raum ist nicht einfach zu fas-

sen, er untersteht einer imaginären Territorialität, die eine vielschichtige Architektur aufweist. (44)

Wie kann Theater ernsthaft Zukunft zum Thema machen in einer Gesellschaft, die die Gegenwart zur Totalität erhebt, „wenn dem Rest der Welt das Futur aber abgeht, wenn es nur noch als Ressource für die Finanzmärkte herhält" (25)?
Und wie verhält es sich mit dem Theater selbst? Es beschwört Kollektive, die es nicht mehr gibt,[5] diskutiert die „Revolte", romantisiert und abstrahiert sie dabei aber doch eher (56 ff.). Ist es überhaupt noch an literarischen Zugriffen interessiert? Es scheint, so Röggla, heute leiste „das Theater der Literatur Widerstand" oder „ignoriere" sie einfach. Der Autor wird zum Dienstleister: „[D]ie Autorenfunktion übernehmen andere", es gehe oft nur noch darum, „ein kleines Theaterereignis zu produzieren zu einem immerhin das Regieteam interessierenden Thema, das man mit einer Autorenfunktion an-ästhetisieren möchte" (20).

II.

Kathrin Rögglas Saarbrücker Poetikvorlesungen führen in die Abgründe der gesellschaftlichen Wirklichkeit hinein und an den Rand der Möglichkeiten eines ästhetisch angemessenen, utopisch engagierten Theaters. Kathrin Röggla ist ihrerseits trotz allem „zuversichtlich, dass das Theater mit seinen vielschichtigen Mitteln und pluralen Formen [...] die Möglichkeit" besitzt (28), auf die aktuellen gesellschaftlichen Veränderungen widerständig, zukunftsperspektiviert, aufklärend zu reagieren. Nicht diese Hoffnung aber, auch nicht apodiktische Urteile über das ‚richtige' und ‚falsche' Theater, keine Versuche einer Festlegung dessen, was Theater sein ‚muss' oder sein ‚sollte', stehen im Zentrum ihrer Reflexionen, sondern die Kartographie der Probleme, der zu durchdringenden Dickichte, die die Herausforderungen eines literarischen Dramas der Gegenwart sind. Ihr bei dieser Vermessung der Möglichkeitsräume für Literatur auf dem Theater in den Strudel der Wirklichkeit hinein zu folgen bedeutet, in das Zentrum der Debatten um das Theater der Gegenwart zu gelangen und mit ihr einen Weg zu suchen, „dem Monströsen [...], das sich vor uns ereignet", womöglich nicht nur bloß „zu[zu]sehen" (43), sondern auch Antworten darauf zu finden.

Johannes Birgfeld

1 Die Vorträge wurden am 16. und 23. Juni sowie am 7. Juli 2014 gehalten. Die Saarbrücker Poetikdozentur für Dramatik wird von der Germanistik der Universität des Saarlandes in Kooperation mit der Stadt Saarbrücken, dem Saarländischen Staatstheater, der VHS Regionalverband Saarbrücken und Theater der Zeit organisiert. Den Partnern sei hier nochmals für ihr großes Engagement gedankt. – Auch die Vorträge der Inhaber der ersten und zweiten Saarbrücker Poetikdozentur für Dramatik, von Rimini Protokoll (2012) und Roland Schimmelpfennig (2013), liegen bereits gedruckt vor: Rimini Protokoll: *ABCD. Saarbrücker Poetikdozentur für Dramatik.* Mit einem Nachwort hg. v. Johannes Birgfeld. Berlin: Theater der Zeit 2013; Roland Schimmelpfennig: *Ja und Nein. Vorlesungen über Dramatik / Sí y No. Conferencias sobre dramática. Cátedra poética de dramática.* Mit e. Nachwort hg. v. Johannes Birgfeld. Berlin: Theater der Zeit 2014.

2 Nachfolgend werden Zitate aus *Die falsche Frage* mittels der dem Zitat in Klammern nachgestellten Seitenzahl nachgewiesen.

3 Vgl. entsprechend u. a. auch S. 57 („nichts mögen wir Autoren und Autorinnen weniger als Parolen. Sie bleiben unspezifisch") und 58 („So poetisch der Text [Mariette Navarros *Wir Wellen*] ist, so sehr steht er auch für dies Problem: In der Abstraktion wird politisch harmlos, was das Manifest *Der kommende Aufstand* dann doch noch sehr konkret beschreibt").

4 Vgl. auch: „In Wirklichkeit produzieren wir nichts als Marktwissen, nichts anderes gibt es mehr" (S. 32).

5 Vgl. dazu auch: „Welchen Chor gibt dieses Wir ab, gibt es überhaupt einen Chor ab, oder ein Nebeneinander von Einzelstimmen, die verzweifelt versuchen, sich selbst darzustellen, eine persönliche Referenz aufzubauen? Die sich erklären müssen, andauernd erklären, um zu beweisen, dass es sie noch gibt. Ist es theatral darstellbar, fassbar?" (S. 60).

BIOGRAFIEN

Kathrin Röggla wurde 1971 in Salzburg geboren. Seit 1988 ist sie aktiv in der literarischen Öffentlichkeit und in der Off-Theaterszene. 1989 begann sie ihr Studium der Germanistik und Publizistik, welches sie 1999 erfolgreich abbrach. Nach dem Umzug nach Berlin im Jahr 1992 entstanden die ersten Bücher. Seit 1998 verfasst und produziert sie auch Radioarbeiten – Hörspiele, akustische Installationen, Netzradio – sowohl in Zusammenarbeit mit dem Bayerischen Rundfunk als auch als Mitglied des Netzradiokollektivs convex tv. Seit 2002 schreibt sie Theatertexte, *(fake reports, wir schlafen nicht, die beteiligten)*. Von 2004 bis 2008 unternahm sie zahlreiche Reisen, z. B. nach Georgien, in den Iran, nach Zentralasien, Japan, die USA und in den Jemen. Sie erhielt zahlreiche Literaturpreise, darunter den Arthur-Schnitzler-Preis 2012 und den Nestroy für das beste Stück 2010 für *worst case*. Sie ist Mitglied der Akademie der Künste in Berlin.

Der Herausgeber **Johannes Birgfeld** ist nach Lehrtätigkeiten an den Universitäten Bamberg, Sewanee (TN/USA) und Oxford Oberstudienrat im Hochschuldienst an der Universität des Saarlandes (Saarbrücken) für Neuere deutsche Literaturwissenschaft sowie Initiator und Organisator der Saarbrücker Poetikdozentur für Dramatik. Forschung zur deutschsprachigen Literatur sowie zu Theater und Drama vom 17. Jahrhundert bis zur Gegenwart.

Edition u. a. v. Gryphius, Iffland und Kracht/Woodard. Zuletzt erschienen u. a.: Roland Schimmelpfennig: *Ja und Nein* (Hg., 2014); *Michael Kleeberg. Eine Werksbegehung* (hg. mit Erhard Schütz, 2014); Rimini Protokoll: *ABCD* (Hg., 2013); *Michael Kleeberg im Gespräch* (2013); *Krieg und Aufklärung. Studien zum Kriegsdiskurs in der deutschsprachigen Literatur des 18. Jahrhunderts* (2 Bde., 2012); *Kotzebues Dramen. Ein Lexikon* (hg. mit Julia Bohnengel, Alexander Košenina, 2011); *Christian Kracht. Zu Leben und Werk* (hg. mit Claude D. Conter, 2009); *Das Unterhaltungsstück um 1800* (hg. mit Claude D. Conter, 2007).

THEATERSTÜCKE

Der Lärmkrieg
UA: 03.10.2013
Schauspiel Leipzig
Regie: Dieter Boyer

Kinderkriegen
UA: 12.05.2012
Cuvilliéstheater München
Regie: Tina Lanik

NICHT HIER oder
die kunst zurückzukehren
UA: 15.09.2011
Staatstheater Kassel
Regie: Leopold von Verschuer

die unvermeidlichen
UA: 06.02.2011
Nationaltheater Mannheim
Regie: Marcus Lobbes

die machthaber
UA: 03.03.2010
Schauspielhaus Wien
Regie: Daniela Kranz

die beteiligten
UA: 19.04.2009
Düsseldorfer Schauspielhaus
Regie: Stephan Rottkamp

worst case
UA: 11.10.2008
Theater Freiburg
Regie: Leopold von Verschuer

publikumsberatung
UA: 02.05.2008
Theater am Neumarkt, Zürich
Regie: Leopold von Verschuer

draußen tobt die dunkelziffer
UA: 08.06.2005
Volkstheater Wien/
Wiener Festwochen
Regie: Schorsch Kamerun

junk space
UA: 29.10.2004
steirischer herbst, Graz
(Koproduktion mit dem
Theater am Neumarkt, Zürich)
Regie: Tina Lanik

wir schlafen nicht
UA: 07.04.2004
Düsseldorfer Schauspielhaus
Regie: Burkhard C. Kosminski

sie haben soviel liebe gegeben,
herr kinski!
UA: 13.03.2004
Pumpenhaus Münster
Regie: Paula Artkamp

totficken. totalgespenst. topfit.
UA: 20.12.2003
Burgtheater (Kasino), Wien
Regie: Stephan Rottkamp

superspreader
UA: 21.06.2003
Düsseldorfer Schauspielhaus
Regie: Gustav Rueb

fake reports
UA: 16.10.2002
Volkstheater Wien
Regie: Tina Lanik

RADIO

Lärmkrieg
Ursendung: 2014
Bayerischer Rundfunk
Regie: Leopold von Verschuer

NICHT HIER oder
die Kunst zurückzukehren
Produktion: 2012
Deutschlandradio Kultur
Regie: Leopold von Verschuer

die unvermeidlichen
Ursendung: 2012
Bayerischer Rundfunk
Regie: Leopold von Verschuer

publikumsberatung
Ursendung: 2011
Bayerischer Rundfunk
Regie: Leopold von Verschuer

der tsunami-empfänger
Ursendung: 2010
Bayerischer Rundfunk
Regie: Leopold von Verschuer

die alarmbereiten
Ursendung: 2009
Bayerischer Rundfunk
Regie: Leopold von Verschuer

recherchegespenst
Ursendung: 2008
Bayerischer Rundfunk
Regie: Leopold von Verschuer

japanisches rückwärtstagebuch
Ursendung: 2008
Bayerischer Rundfunk
Regie: Barbara Schäfer

draußen tobt die dunkelziffer
Ursendung: Schweizer
Radio DRS, Studio Basel:
11.10.2006
Regie: Claude Pierre Salmony

junk space
Erstsendung: 09.01.2006
Bayerischer Rundfunk
Regie: Ulrich Lampen

ein anmaßungskatalog
für herrn fichte
Ursendung: 2006
Bayerischer Rundfunk
Regie: Barbara Schäfer

wir schlafen nicht
Ursendung: 2004
Bayerischer Rundfunk
Regie: Barbara Schäfer

das firmenwir
Ursendung: 2001
Deutschlandradio
Regie: test bed

nach köln
Ursendung: 2002
Bayerischer Rundfunk
Regie: Bernhard Jugel

BÜCHER

really ground zero
Ursendung: 2002,
Bayerischer Rundfunk
Regie: Ulrich Lampen

Endergebnisse
Ursendung: 2001,
ORF
Regie: Kathrin Röggla

selbstläufer
Ursendung: 2000,
Bayerischer Rundfunk
Regie: Barbara Schäfer

ein riesen abgang (in der Reihe
„soundstories/materialmeeting")
Ursendung: 2000,
Bayerischer Rundfunk
Regie: Barbara Schäfer

HOCHDRUCK/dreharbeiten
Ursendung: 1999,
Bayerischer Rundfunk
Regie: Convex TV

Besser wäre: keine
(S. Fischer 2013)

publikumsberatung
(zusammen mit Leopold von
Verschuer, Matthes&Seitz 2011)

die alarmbereiten
(S. Fischer 2010)

tokio, rückwärtstagebuch
(zusammen mit Oliver Grajewski,
Verlag für Moderne Kunst 2009)

gespensterarbeit, krisenmanagement und weltmarktfiktion
(Picus 2009)

disaster awareness fair
(literaturverlag droschl 2006)

wir schlafen nicht
(S. Fischer 2004, tb 2006)

really ground zero
(S. Fischer 2001)

Irres Wetter
(Residenzverlag 2000,
tb S. Fischer 2002)

Abrauschen
(Residenzverlag 1997,
tb S. Fischer 2001)

Niemand lacht rückwärts
(Residenzverlag 1995,
tb S. Fischer 2004)

RECHERCHEN

Theater der Zeit